Thomas Frings

# ENDLICH ALT!

Thomas Frings

# ENDLICH ALT!

Ein spiritueller Reisebegleiter

HERDER

FREIBURG · BASEL · WIEN

MIX
Papier | Fördert gute Waldnutzung
FSC® C014496


Hermann-Herder-Straße 4, 79104 Freiburg

www.herder.de

Bei Fragen zur Produktsicherheit wenden Sie sich an
produktsicherheit@herder.de

Umschlaggestaltung: Verlag Herder
Satz: Daniel Förster, Belgern
Herstellung: GGP Media GmbH, Pößneck
Printed in Germany

ISBN Print 978-3-451-39559-8
ISBN E-Book 978-3-451-83059-4

**für Susanne Custodis**
**(1911–2001)**

Es verwirrt mich immer öfter,
dass ich im selben Jahr geboren wurde wie alte Menschen

# INHALT

**Vorwort** .......... 9

**1. Kapitel: Das letzte Drittel** .......... 15

Der 60. Geburtstag – nur eine Zahl? .......... 15
Verdrängen oder annehmen .......... 20
Ein bisschen alt? Phasen des Älterwerdens .......... 22
Risiken und Nebenwirkungen .......... 24
Lust machen aufs Älterwerden .......... 26
Zum Weiterdenken .......... 27

**2. Kapitel: Den Jahren mehr Leben geben – Zeit für eine Bestandsaufnahme** .......... 29

Unsere Jahre sind begrenzt .......... 30
Entscheidungen neu gewichten .......... 32
Zeit, sich am Leben zu freuen .......... 35
Der goldene Schlüssel .......... 38
Was trägt wirklich? .......... 39
Fehlerfreundlich bleiben .......... 40
Zum Weiterdenken .......... 42

**3. Kapitel: Älterwerden – Was kann ich, was will ich, was muss ich?** .......... 43

Wir werden anders alt .......... 44
Was kann ich ... .......... 45
Was will ich ... .......... 46
Was muss ich? .......... 49

Freude am Loslassen ........ 50
Die neue Lebensphase annehmen ........ 58
Lebemeister statt Lehrmeister ........ 61
Schluss mit höher, schneller, weiter ........ 65
Warum allein nicht einsam bedeutet ........ 71
Ein neuer Blick auf das Alter ........ 75
Zum Weiterdenken ........ 83

**4. Kapitel: Spiritualität: Woraus und woraufhin lebe ich?** ........ 85

Die Weisheit des dritten Königs ........ 88
Die Sehnsucht nach Sinn ........ 90
Spiritualität kennt viele Formen ........ 93
Wozu brauchen wir noch die Kirchen? ........ 98
Die Kraft der Zeichen ........ 101
Beten – mehr als Worte ........ 103
Heilige Räume ........ 105
Zeichen weitergeben ........ 107
Zum Weiterdenken ........ 109

**5. Kapitel: Tod und Sterben: Wie will ich aus dem Leben gehen?** 111

Sterbequote: 100 Prozent ........ 112
Für die letzte Stunde gibt es keine Generalprobe ........ 115
Was bleibt von mir? ........ 118
Gedanken zur Sterbehilfe ........ 124
Wie soll meine Beerdigung aussehen? ........ 132
Die letzte Stufe ........ 135
Zum Weiterdenken ........ 138

**6. Kapitel: Wie wurde ich der, der ich bin? Auf das Leben zurückblicken** ........ 139

Dankeschön ........ 153
Anmerkungen ........ 155

# VORWORT

Wenn ich meine Hände nach dem Waschen in einen elektrischen Händetrockner halte, werden sie durch einen warmen Luftstrom mit über 300 km/h in 10 Sekunden getrocknet. Während dieses Vorgangs sehe ich, wie die Haut auf den Handrücken flattert, und jedes Mal denke ich: Ich bin alt!

Wann ist ein Mensch alt? Diese Frage lässt sich weder mit einer Jahreszahl noch der des Geburtsjahrgangs beantworten, und das liegt nicht nur daran, dass jedes Lebensalter stets einen längeren Lebensabschnitt umfasst. An manchen Tagen, vielleicht nach einem langen Arbeitstag oder einer durchzechten Nacht, fühlen sich junge Menschen verdammt alt, und manch alter Mensch fühlt sich an einem ausgeschlafenen Morgen oder nach einer ausgedehnten Wanderung wieder jung. Auf einer Afrikareise mit einem Freund, der damals Anfang zwanzig war, wurde er immer wieder nach seinem Alter gefragt, denn viele hielten ihn für einen alten Menschen allein aufgrund seiner hellblonden Haare. In den Augen der Menschen wirkten sie wie graues Haar, das alte Menschen auszeichnet.

Der damals 69-jährige niederländische Motivationstrainer Emile Ratelband (geb. 1949) verklagte 2018 die Gemeinde

Arnhem, sein Geburtsjahr standesamtlich von 1949 auf 1969 zu ändern, denn dies entspräche seinem körperlichen Zustand. Da man den Namen und das Geschlecht ändern könne, müsse dies auch für das Alter gelten. Mit einem höheren Alter werde er diskriminiert, wenn es um Jobs gehe, einen Kredit bei der Bank oder um Kontakte bei Dating-Plattformen. Das Gericht in Arnhem lehnte jedoch ab. Sein Geburtsdatum dürfe er nicht offiziell ändern, fügte jedoch hinzu: »Herr Ratelband hat die Freiheit, sich 20 Jahre jünger als sein wirkliches Alter zu fühlen und sich entsprechend zu verhalten.«

In jeder Lebensphase ist das Alter an ein Gefühl gebunden, nicht nur in der letzten. Sobald Kinder mit ihren Fingern anfangen zu zählen und zeigen können, wie alt sie sind, wollen sie auf jeden Fall eins: älter und größer werden. Wer fünf Jahre ist, wird bald sechs, und mit sechs Jahren ist man fast schon sieben. Ein Kind will damit zum Ausdruck bringen: Bald bin ich groß und ich freue mich jeden Tag darüber, dass ich älter werde.

Auf den Lebensabschnitt, in dem man älter sein will, als man ist, folgt, wen wundert es, die Zeit des Lebens, in der man genauso alt sein will, wie man ist. Man lebt nicht in der Zukunft, sondern ganz und gar in der Gegenwart. Der Körper signalisiert einem, dass man kein Kind mehr ist, und der Jugendliche schließt daraus, oft fälschlicherweise, dass er erwachsen sei. In der Pubertät liegen Wunsch und Wirklichkeit weit auseinander, entwickelt sich der Körper doch schneller als der Geist, was jedoch meist nur die Umwelt bemerkt. Für die Pubertierenden ist dies die Zeit im Leben, in der Erwachsene schwierig werden, denn es ist die Phase, in der sie sich dem Rest der Welt überlegen fühlen. Zum Glück endet die Pubertät nach wenigen Jahren und der daraus hervorgehende Mensch nimmt wieder teil an der normalen Kommunikation. Körper und Geist haben wieder zueinander gefunden. Der junge Erwachsene will in den dann kommenden Jahren seines Lebens weder älter sein, als er ist, noch jünger. So wie es ist, findet er es gerade gut.

Kinder wollen älter sein, als sie sind, junge Menschen empfinden ihr Alter als ideal und es liegt auf der Hand, welches Lebensgefühl sich bei vielen Menschen danach einstellt. Irgendwann kommt der Moment im Leben, an dem ein unterschätztes Alter zum gern gehörten Kompliment wird und ein überschätztes einem den ganzen Tag versauen kann. Als junger Mann wurde ich in Geschäften noch sehr lange vom Personal geduzt, da ich jünger aussah, als ich es war. Was mich zunächst ärgerte, hat mich einige Jahre später gefreut und ich freue mich auch heute noch, wenn ich für jünger gehalten werde, als ich es bin.

Das Lebensalter ist also weniger eine Frage des Datums oder einer Zahl, sondern viel öfter eine Frage des Gefühls. Es gibt das chronologische Alter, das biologische, das gefühlte und das juristische, wie es im Ausweis steht. Die Menschen meiner Umgebung, mit denen ich kontinuierlich gealtert bin, kommen mir immer jünger vor als diejenigen, deren Alterungsprozess ich nicht miterlebt habe. Was sehen wir auf einem aktuellen Foto von uns und was sieht da jemand, der uns nicht von früher kennt? Wir wissen doch noch, wie wir aussahen, als wir jünger waren, und scheinen dies irgendwie immer noch mitzusehen, wenn wir aktuelle Aufnahmen von uns betrachten.

Ist die Aussage »Man ist nur so alt, wie man sich fühlt« also vielleicht die treffendste Definition, wenn es ums Alter geht? Zumindest ist sie eine der beliebtesten. Diejenigen, die diesen Satz zitieren, werden seine Aussage sicher bestätigen. Schaut man jedoch darauf, wer ihn sagt, wird er verräterisch. Weder Kinder noch junge Menschen haben eine Idee davon, wie sich eine größere Anzahl an Lebensjahren anfühlt. Die eine Gruppe hat derer noch zu wenig und wünscht sich deswegen mehr und die andere hat gerade genug, um sich damit wohlzufühlen. Ob deshalb jemand schon alt ist, wenn er sagt »Man ist nur so alt, wie man sich fühlt« sei dahingestellt. Eins lässt sich jedoch konstatieren: Man ist garantiert nicht mehr jung, wenn man diesen Satz auf sich bezieht, denn weder Kindern noch jungen Menschen würde er über die Lippen kommen. Man wird alt, wenn es einem gefällt, für jünger gehalten zu werden, und das eigene Alter mehr am Gefühl festmacht als an einem Datum.

Ich stehe wieder vor dem elektrischen Händetrockner, sehe, wie meine Haut flattert, und denke mir: Möglicherweise ist man nur so alt, wie man sich fühlt, sicher aber so alt, wie man sich anfühlt. Der schmale Spalt des Händetrockners lässt es nicht zu, die Hände zu Fäusten zu ballen und so dem Flattern der Haut Einhalt zu gebieten. Doch auch, wenn ich meine Hände herausgezogen habe, werde ich sie nicht zu Fäusten ballen und jedem eins damit überziehen, der mich für alt hält, denn ich bin es, auch wenn ich unter den Alten noch der Junge bin! Es sind meine Hände und es ist meine Haut und sie erzählen von den Lebensjahren, die wir zusammen verbracht haben.

Das, was ich auf den kommenden Seiten mit diesen Händen schreibe, ist geprägt von der Geschichte meines Lebens und kann deswegen nur persönlich sein. Es ist geprägt durch mein Geschlecht und meine Herkunft, durch meine Fähigkeiten und Erfahrungen, die gefällten Entscheidungen und auch den ein oder anderen Schicksalsschlag. Jeder wird mit seiner Lebensgeschichte diese Texte lesen, einiges anders sehen und muss sogar manche Frage, die das Leben stellt, anders beantworten. Dieses Buch will ein Reisebegleiter sein durch das letzte Lebensdrittel. Es ist persönlich gehalten. Meine Fragen, Gedanken und Antworten sind im besten Falle Anregungen zu eigenen Fragen, Gedanken und Antworten.

*Thomas Frings*

# 1. KAPITEL

# DAS LETZTE DRITTEL

## Der 60. Geburtstag – nur eine Zahl?

Geboren wurde ich 1960 an einem Dienstag und der sechzigste Geburtstag, der auf einen Sonntag fiel, sollte groß gefeiert werden. Das Kölner Brauhaus um die Ecke war schon reserviert und die Gästeliste wurde lang und länger. Doch dann machte die Coronapandemie mir einen Strich durch die Rechnung und alles musste abgesagt werden. Dennoch erreichten mich zahlreiche Glückwünsche. Eine, ich muss es leider sagen, unerfreulich große Zahl der Wünsche war versehen mit einem versteckten Bedauern, einem überspielten Mitleid, mit einem Unterton, der den bevorstehenden Abgesang des Lebens übertönen sollte. All das verbarg sich hinter der kleinen und sicher gut gemeinten Bemerkung: »Es ist nur eine Zahl.« Jede dieser Bemerkungen rief in mir einen energischen Widerspruch hervor, denn ich will doch hoffen, dass sechzig Lebensjahre nicht »nur eine Zahl« sind. Wie traurig wäre das denn? In dieser Zeitspanne hat immerhin mein Leben stattgefunden und rückblickend darf ich sagen: Das meiste war gut!

Wenn ich im Folgenden resümierend davon berichte, dann kann es nur eine kleine Schnittmenge geben mit dem Leben anderer Menschen. Geschlecht, Herkunft, Begabungen, Umstände, Gesundheit, Zufälle, sie alle unterscheiden uns und alles zusammen ergibt ein Leben, Ihr Leben und hier mein Leben. Gleichzeitig gehören wir aber auch zu einem Kulturkreis und darin zu einer Gruppe, sind Mann oder Frau oder divers, haben eine vergleichbare Herkunftsfamilie, gemeinsame Interessen, ähnliche Begabungen und teilen neben aller Individualität auch Gemeinsames. Mit den Menschen meines Geburtsjahrgangs gehöre ich zu den Babyboomern, über die inzwischen immer mehr geschrieben wird, denn wir sind nicht nur ein historisches Phänomen, sondern hinsichtlich der Rentenentwicklung anscheinend auch eine gesellschaftliche Herausforderung.

Meine Kindheit verlebte ich als Junge in einer westdeutschen Kleinstadt. Meine Herkunftsfamilie lässt sich am besten beschreiben mit: konservativ, katholisch, bürgerlich. Allein diese Begriffe, Junge, konservativ, katholisch, bürgerlich, Westdeutschland, lassen erahnen, um welches Milieu und die darin vorherrschenden Konventionen es sich handelte. Aber das Leben kennt auch in jungen Jahren nicht nur Milieu und Konventionen. Jenseits von alldem fand sich nur wenige Meter vom Elternhaus entfernt in einem großen Wald die ganze

Freiheit, die man sich als Kind nur wünschen kann. Bäume, Höhlen, Hütten und Wasser boten ein unerschöpfliches Reservoir für das tägliche Abenteuer zu jeder Jahreszeit. Um 18 Uhr aß die Familie, bestehend aus Vater, Mutter, Bruder und Schwester, zu Abend und dann musste ich auf jeden Fall zu Hause sein. Erst viele Jahre später lernte ich diese Vorteile einer damals traditionellen Familie, in der der Vater das Geld verdiente und die Mutter den Haushalt machte, zu schätzen – es war immer jemand da und ich bin nie in ein leeres Haus gekommen –, ohne heute deren Nachteile zu übersehen, die besonders zu Lasten der Frauen und Mädchen gingen. Es brauchte jedoch auch Jahrzehnte, um Erziehungsmuster zu erkennen und ungefragt Übernommenes zu hinterfragen und zu überwinden. »Wenn du in der Schule vom Lehrer ein paar hinter die Ohren bekommst und wir erfahren davon, dann bekommst du zu Hause gleich noch ein paar hinterher.« So hieß es, bevor ich meine Schullaufbahn begann. Die Autorität des Lehrkörpers wurde von meinen Eltern nie hinterfragt, sondern stets unterstützt. Zwischen diesen Autoritäten saß ich als Kind und versuchte, unbeschadet meinen Weg zu finden.

»Die Jungs müssen Abitur machen, dann steht ihnen die Welt offen. Wenn du das schaffst, kannst du natürlich auch Abitur machen, aber für dich ist das nicht so wichtig, denn du wirst ja einmal geheiratet und dann sorgt dein Mann für dich.« Den Satz bekam unsere Schwester zu hören. Beide Aussagen sind beispielhaft und charakteristisch für eine bestimmte Zeit und Weltsicht für den Teil der Gesellschaft, in dem ich groß geworden bin.

Eine Gesellschaft, die eine menschenverachtende Diktatur erlebt und einen traumatischen Krieg überlebt hatte, brachte Väter, Mütter, Lehrerinnen und Lehrer hervor, die ich als Kind und Jugendlicher oft nicht verstehen konnte. Sie erzählten von ihren Erfahrungen, die für sie zutiefst prägend waren, die ich aber nicht teilen konnte. Dafür fehlte es mir einfach an Lebensjahren und eigenen Erfahrungen. Die eigene Meinung galt wenig im Vergleich mit der Meinung der Erwachsenen.

Meine »Kriegserinnerungen« bestanden aus Trümmergrundstücken. In jeder Straße gab es einige und eines der letzten war das Nachbargrundstück, das erst bebaut wurde, als ich 1980 das Elternhaus zum Studium verließ. Der Wald, in dem wir spielten, war übersät mit Bombentrichtern. Mit diesen und den Häuserruinen verbanden wir Kinder jedoch keinen Schrecken, sondern es waren die absolut tollsten Orte, um Abenteuer zu erleben, besser als jeder Spielplatz. Nur fünfzehn Jahre nach Kriegsende geboren, kam mir sein Schreckensszenario erst näher mit fortschreitendem Alter, trotz der wachsenden zeitlichen Distanz zum Ereignis selbst. Das Verstehen ist eben nicht allein gebunden an die Komponente der zeitlichen Nähe. Erst durch die eigene Lebenserfahrung taucht man ein in selbst weiter zurückliegende Ereignisse. In der Jugend war für mich der Zweite Weltkrieg, trotz zeitlicher Nähe, emotional weiter weg, als es heute der Erste Weltkrieg ist.

Je höher man auf den Berg des Lebens steigt, desto weiter wird der Horizont. Je höher man steigt, desto mehr entfernt man sich räumlich. Selbst zeitlich weiter zurückliegende

Ereignisse rücken mit den Jahren jetzt nicht nur in das Blickfeld, sondern man beginnt sie zu verstehen. Das ist paradox. Die wachsende zeitliche Distanz wird überwunden durch die wachsenden Erfahrungen, die man im Leben gemacht hat. Der Überfall Russlands auf die Ukraine 2022 führte bei meiner Mutter zu einer Retraumatisierung. Angesichts zerbombter Häuser und flüchtender Menschen erinnerte sie sich an die zahllosen Bombennächte im Keller und die eigene Flucht. Verstehen kann ich das inzwischen und doch bleibt es ein Unterschied, ob man etwas nur theoretisch durchdacht oder persönlich erlebt hat. In dem Falle helfen auch nicht die Lebensjahre. Nicht anders ergeht es einem Patensohn, wenn ich ihm vom Fall der Mauer 1989 erzähle. So wie ich den Krieg nur aus dem Buch sowie von Trümmergrundstücken und Bombentrichtern als Spielplätze kenne, kennt er die Teilung Deutschlands nur aus Büchern und von Besuchen am Mauerstreifen. So leben wir Menschen mit unseren unterschiedlichen Erfahrungen in derselben Gegenwart.

Hier breche ich den biografischen Teil ab und füge ihn am Ende als letztes Kapitel an. Unsere Biografie hat einen nicht unerheblichen Einfluss auf unser Verständnis vom Leben und unser Verhalten zu diesem soll hier aber nicht zu viel Raum einnehmen. Es steht also jedem frei, diesen Teil schon jetzt zu lesen oder zum Schluss. Eins sollten Sie jedoch wissen, weil es für das Verständnis mancher Aussagen im Folgenden wichtig ist: Ich bin katholischer Priester, unverheiratet, habe keine Kinder und lebe als Single.

## Verdrängen oder annehmen

Etwa bis zur Mitte der Zwanzigerjahre und dann wieder so ab dem achtzigsten Lebensjahr wird das Alter mit einer konkreten Zahl gerne genannt und gelobt: »Jetzt bist du schon fünf / sechs / zehn Jahre alt«, »Endlich bist du volljährig« – »Jetzt sind Sie achtzig / schon neunzig / fünfundneunzig / hundert Jahre alt«. Doch je weiter man sich von diesen Geburtstagen entfernt, desto lieber wird die Jahreszahl verschwiegen, nach unten korrigiert oder versehen mit der gut gemeinten Bemerkung »60 ist doch nur eine Zahl«.

Die Alterspyramide in Deutschland verschiebt sich immer weiter. Die Zahl der Rentner steigt und wird in den kommenden Jahren noch stärker ansteigen. 2035 wird voraussichtlich jede vierte Person im Seniorenalter sein.[1] Zugleich gibt es immer mehr Hochbetagte. Immer mehr Menschen werden also immer älter. Zugleich wollen in unserem vergreisenden Land immer weniger Menschen als alt bezeichnet werden. Jeder will alt werden, doch niemand will alt sein.

Woher kommt diese auffällige Angst vor dem letzten Lebensdrittel? Als ob die Kindheit immer glücklich, die Jugend problemlos, die Ausbildung ein Zuckerschlecken, der lange (Berufs-)Alltag nur erfüllend gewesen seien. Ist der Wegfall von Zwängen nicht auch ein Zugewinn an Lebensqualität? Kann der Rückblick auf Erreichtes nicht befriedigend sein? Ist die Reife des Lebens nicht auch eine Quelle der Kraft und Ruhe? Woher und warum dann diese verdammte Angst vor dem Alter(n)?

Das ganze Leben ist eine einzige Übergangszeit, wobei der Übergang in das letzte Drittel auf eine meist längere, oft durch Wiederholung und Gleichmäßigkeit geprägte Zeit des Arbeitslebens erfolgt. Das erste Lebensdrittel hat mit Kindheit, Jugend, Schule, Ausbildung, Berufseinstieg und der Entscheidung für einen Lebensstand die größte Abwechslung, weshalb man wahrscheinlich leichter in das zweite Lebensdrittel hinein- als aus diesem hinausgleitet.

Der Sänger Udo Jürgens (1934–2014) hat mit dem Lied »Mit 66 Jahren« gleichsam eine Hymne komponiert auf das Alter, doch als er sie im Jahr 1977 sang, war er selbst erst 43! Ein schmissiges Lied, ein echter Schlager, den nicht nur die Alten, sondern auch die Jungen begeistert mitschmettern, besingt er doch die schiere Lebensfreude. Da es sich um einen Schlager handelt und nicht um eine Ballade, wird das Alter so besungen, als wäre man nicht 66, sondern 26. Dieses Lied ist mitreißend, dass jeder, der jetzt ein »aber« sagt, leicht als Bedenkenträger und Spielverderber dasteht. Als Schlager wurde das Lied ein Hit. Es wurde sogar mehrfach in andere Sprachen übersetzt und auch in den Niederlanden, Norwegen und Großbritannien begeistert gesungen. Als lebensdienliche Hilfe ist es jedoch eher ungeeignet, obwohl die Spuren des Alters alle ins Wort gebracht werden: Haarausfall, Bauch, Rheuma. Es darf jedoch gefragt werden, ob die Ausdrucksformen der Flower-Power-Bewegung, wie Motorrad, Gitarre, Blumenkranz im Haar und eine Reise nach San Francisco, die besten und die sinnvollsten Reaktionen auf das Älterwerden sind.

Wer weiß, dass er 66 ist, der darf sich einen Blumenkranz winden, um das schüttere Haar zu vertuschen, der darf den Bauch einziehen, wenn er sich so wohler fühlt, der soll mit dem Motorrad reisen, wohin es ihn zieht, und der kann in der Disco rocken, wenn ihm danach ist. Doch wer glaubt, er wirke dadurch wieder wie 26, der wird zur tragischen Figur. Dann wird aus Lust Frust und aus Freude Tragik. Eigentlich ist alles erlaubt, nur nicht das Verdrängen. Altkluge Jugendliche sind daher leichter zu ertragen als unreife Alte, denn die einen drängen in die Zukunft, während die anderen ihre Vergangenheit verdrängen. Als junger Mensch fehlt einem bisweilen die Ironie, über sich selbst zu lachen. Als alter Mensch sollte man das gelernt haben, ohne sich deswegen schon zur Witzfigur zu machen, und man muss doch keinem mehr etwas beweisen, nicht im Bett, nicht im Beruf, nicht im Leben.

## Ein bisschen alt? Phasen des Älterwerdens

Mit 66 beginnt mehr oder weniger das Rentenalter und können Menschen Großeltern sein. Das Ende des Berufslebens und die körperliche Kondition lassen noch einiges zu an freier Lebensgestaltung. Auf die Jahreszahlen 76 und 86 reimt sich das Lied von Udo Jürgens immer noch, aber es überzeugt nicht mehr. So wie ein Kind mit zwei, acht und zwölf Jahren immer ein Kind ist und sich doch in unterschiedlichen Entwicklungsphasen befindet, taucht auch das Alter nicht als ein geschlossener Block plötzlich vor einem auf, sondern kennt unterschiedliche Phasen. Mit Mitte 60 kann man noch so einiges machen, das mit Mitte 70 schwerer und mit Mitte 80 für die meisten zum Problem wird.

Die Vorstellung, die Fiete, 9 Jahre, von Omas hat, ist eine ganz andere als die von Blumenkränzen, Gitarre und Diskothek.

> Eine Oma ist eine Frau, die keine Kinder hat. Das ist der Grund, weshalb sie die Kinder anderer Leute mag. Omas haben eigentlich nichts zu tun. Sie brauchen einfach nur da zu sein. Sie sagen auch nie zu einem, man soll schneller gehen oder nicht herumtrödeln. Gewöhnlich sind Omas dick. Aber sie sind auch nicht zu dick, denn sie können sich noch bücken, um einem die Schnürsenkel zuzubinden. Sie wissen auch ganz genau, dass Kinder immer das größte Stück Kuchen bekommen. Echte Omas hauen einen nie. Wenn sie schimpfen, lachen sie auch. Omas tragen eine Brille und Omas können sogar die Zähne rausnehmen. Wenn sie eine Geschichte vorlesen, werden sie nicht grantig, wenn sie dieselbe Geschichte mehrmals vorlesen müssen. Sie sind auch gar nicht so gebrechlich, wie sie immer vorgeben, selbst wenn sie öfter sterben als wir. Jeder sollte versuchen, eine Oma zu besitzen, vor allem derjenige, der keinen Fernseher hat.[2]

Die Selbstwahrnehmung und die Fremdwahrnehmung von alten Menschen liegen oft so weit auseinander, wie es die Generationen sind, wobei alle Sichtweisen ihre Berechtigung haben.

## Risiken und Nebenwirkungen

Selbstverständlich hat das Alter seine eigenen Herausforderungen und, sagen wir es noch deutlicher, seine Probleme und Schwierigkeiten.

Alte Menschen sind häufiger krank. Auch wenn es kranke Menschen in allen Lebensphasen gibt, es ist eine Tatsache, dass alte Menschen häufiger Gebrechen haben. Unabhängig vom Alter hat jede Krankheit Beeinträchtigungen des Lebens zur Folge. Zweifelsohne gibt es eine altersbedingte Zunahme von chronischen Erkrankungen sowie von körperlichen und kognitiven Einschränkungen. Die gleichzeitige Anwendung mehrerer Arzneimittel ist mit steigendem Alter deutlich häufiger und geht mit erhöhtem Risiko und möglichen Nebenwirkungen einher. Es darf und muss aber auch gesagt werden, dass es eben einen Preis gibt für eine gestiegene Lebenserwartung. Alles im Leben ist mit Konsequenzen verbunden, auch das Älterwerden. *No risk – no story!* Wer alt werden wollte, der hat hoffentlich auch viel erlebt!

Was zum Problem im Alter werden kann und den Lebensabend belastet, sind finanzielle Schwierigkeiten. Die oft besprochene Armutsgefährdungsquote der über 65-Jährigen liegt aktuell in Deutschland bei 17,6 %.[3] Nach einem womöglich langen Arbeitsleben nicht von der sich erworbenen Rente leben zu können, ist demütigend. Die der Kinder liegt mit 21,3 % jedoch signifikant höher.

Alte Menschen begehen häufiger Suizid, wobei Männer ihrem Leben eher ein Ende setzen als Frauen.[4] Die Suizidrate entwickelt sich nicht gleichmäßig, sondern schwankt je nach Lebensjahren. Jenseits der fünfzig steigt sie stark an, nimmt nach siebzig leicht ab, um nach fünfundsiebzig wieder anzusteigen. Die Dunkelziffer ist vermutlich noch höher, da die Nichteinnahme von Medikamenten, die Verweigerung von Nahrung oder Flüssigkeit sowie ungeklärte Unfälle bei alten Menschen vielfach nicht als Suizid gewertet und entdeckt werden. Ist es nicht erstaunlich, dass nicht die Krise in der Lebensmitte zu einem signifikanten Anstieg der Selbsttötungsrate führt, sondern zum einen das sich abzeichnende Ende des Berufslebens und dann das ohnehin sich nähernde Lebensende?

Der junge Mensch sieht eine lange Zukunft vor sich, während der alte Mensch davon spricht, wie schnell sein Leben vergangen ist. Der junge Mensch weiß nicht, ob seine Entscheidungen richtig sind, hat aber noch die Zeit, sie gegebenenfalls zu korrigieren. Der alte Mensch hat diese Zeit immer weniger, weshalb er mit seinen möglichen Korrekturen nicht zu lange zögern sollte. Der junge Mensch kann noch leicht sagen: »Ich könnte dies machen oder werde vielleicht das machen«, der alte sollte aufmerken, wenn er sich solche Sätze sagen hört, denn ein Leben, das im Konjunktiv stattfindet, hat es nicht gegeben.

Am Ende des Lebens steht immer der Tod, doch erst im Alter wirft er seinen Schatten auf die noch verbleibende Lebenszeit. Ob mit oder ohne Perspektive auf ein »Leben danach«: Im Moment finde ich es noch gut, dass dieses Leben, dass mein Leben ein Ende kennt!

## Lust machen aufs Älterwerden

Als ich im Freundeskreis von dem Vorhaben erzählte, ein Buch zu schreiben über das letzte Lebensdrittel, seine Chancen und Vorteile, seine Aufgaben und Herausforderungen, seine Schwierigkeiten und Probleme, da waren die Reaktionen unterschiedlich. Selbst nur wenig Ältere sprachen mir schlichtweg die Kompetenz dazu ab. Ich sei doch noch viel zu jung, um über das Alter etwas sagen zu können. Das Erschrecken darüber, dass sie dann auch alt wären, war nicht zu überhören. Andere begrüßten das Vorhaben, und zwar diejenigen, die spontan ausriefen, dass dies eine großartige Zeit ihres Lebens sei. Ab wann darf man über das Alter reden oder sich selbst als alt bezeichnen?

Jonathan, vier Jahre, den ich im Rahmen einer Familienpatenschaft mit seinem Zwillingsbruder Eliah hin und wieder betreue, brachte es auf den Punkt, als ich auf dem Spielplatz eine Aktion, bei der ich ihn ständig hochheben sollte, nicht mitmachen wollte: »Ja, du bist alt, aber noch nicht sooo sooo alt.« Das gefiel mir.

Allen, die »sooo sooo alt« sind, sei gesagt, dass sie nicht jünger werden, wenn sie mich für jung halten. Ich brauche von noch Älteren nicht die Erlaubnis, mich als alt bezeichnen zu dürfen. Alt sind nicht immer nur die noch Älteren! Die Generation, die 1968 mit der Maxime lebte »Trau keinem über dreißig« und mit ihren Alten weiß Gott nicht zimperlich umging, will heute selbst jenseits der siebzig nicht nur nicht alt, sondern jung sein. Die Jugend von heute wird sie mit dieser

Haltung weder für jung halten noch als Alte respektieren. Alte müssen sich nicht alt fühlen, doch sollte die Selbstwahrnehmung nicht die Erkenntnis trüben, dass man eben doch zu den Älteren gehört. Viele Alte fühlen sich den Jüngeren näher als umgekehrt bzw. sie sich damals den Menschen fühlten, die in ihrem jetzigen Alter sind. Der alte Mensch weiß, wie es sich anfühlt, jung zu sein, aber die Jungen haben noch keine Ahnung davon, wie es sich anfühlt, alt zu sein. Machen wir den wirklich Jungen nicht ihr Terrain streitig, sondern vielmehr Lust aufs Älterwerden.

## Zum Weiterdenken

- Wie gut kann ich mich an die zurückliegenden Phasen meines Lebens erinnern: die Kindheit, die Jugend, die Ausbildungszeit, das Berufsleben, die Wahl eines Partners oder die Trennung davon, die Familiengründung oder den Abschied vom Familienplan?
- Wie kamen mir in diesen Phasen die Menschen vor, die mein jetziges Alter haben?
- Mit wem von diesen Menschen war ich damals gerne zusammen und warum?
- Bin ich heute ein Mensch geworden, dem ich vor Jahrzehnten gerne begegnet wäre und mit dem ich gerne Zeit verbracht hätte?

## 2. KAPITEL

# DEN JAHREN MEHR LEBEN GEBEN – ZEIT FÜR EINE BESTANDSAUFNAHME

Es ist gut, dass wir sterblich sind! Stimmt das? Ist es wirklich gut, dass dieses Leben endlich ist, oder ist es nur die fatalistische Zustimmung zu etwas Unausweichlichem? Eine fortschreitende Medizin hat uns Menschen eine längere Lebenszeit ermöglicht und da der Fortschritt kein Ende kennt, sind die aktuellen Möglichkeiten der Medizin sicher nicht das letzte Wort, das in dieser Sache gesprochen wird. Doch wann wird aus dem Segen eines längeren Lebens der Fluch eines unsterblichen, das nur noch beendet werden kann durch einen Unfall, Krieg, Mord oder Suizid? Der Tod wird angesichts eines medizinisch möglichen ewigen Lebens nicht aus der Welt der Menschen verschwinden, aber er wird dann auf jeden Fall unbarmherziger und gewalttätiger.

Wie würden die ersten Jahrzehnte eines Menschenlebens aussehen, wenn ihm unbegrenzt viele folgen? Ist es nicht gerade die Begrenztheit einer Ressource, die ihren Wert ausmacht? Was weiß der Mensch vom Leben, wenn er nicht um den Tod weiß? Wann würde ich mit dem Schulbesuch beginnen und was würde ich lernen, wenn mir die zeitliche Perspektive und Notwendigkeit abhandengekommen ist, das Gelernte zu nutzen? Trotz steigender Lebenserwartung werden Kinder früher eingeschult und die Schulzeit verkürzt. Wir knapsen an der Kindheit, obwohl wir länger leben. Warum?

## Unsere Jahre sind begrenzt

Bisher hatte ich unterm Strich ein gutes Leben. Der Gedanke, diese Art des Lebens würde nie enden, birgt für mich jedoch mehr Schrecken als Perspektive. Ein ewiges Leben kann ich mir nur in einem Zustand jenseits von Raum und Zeit vorstellen. Die Hoffnung auf ein ewiges Leben verliert für mich nicht in dem Maße an Attraktivität, in welchem das unsterbliche Leben auf Erden möglicher wird, ganz im Gegenteil! Neben allen Plänen und Ideen, die wir für unser Leben haben, gibt es Unwägbarkeiten und Zufälle, denen wir unterworfen sind. Wenn jetzt auch noch die zeitliche Begrenztheit verloren ginge, würde unser Leben nicht nur ungeahnt länger, sondern in einem erschreckenden Maße unberechenbarer werden.

Wenn ich in manche Gesichter sehe, dann stellt sich mir vielmehr die Frage, ob diese Menschen sich wirklich wünschen, dass das hier nie zu Ende gehen wird. Ich habe berechtigte Zweifel daran, dass die Unbegrenztheit an Lebensjahren ein glücklicheres Leben zur Folge haben wird.

Der verständliche Wunsch, dem Leben mehr Jahre zu geben, steht nicht im Widerspruch zu der Weisheit, den Jahren mehr Leben zu geben. Welches die größere Herausforderung ist, darüber herrscht kein Konsens. Die medizinischen Möglichkeiten geben dem Leben mehr Jahre, was das Leben nicht leichter macht, müssen doch immer mehr Jahre mit Leben gefüllt werden. Zahllose Ratgeber, Vorträge, Bücher, Zeitschriften und Seminare über gelingendes Leben zeugen davon, dass das nicht leicht ist.

In der größten Buchhandlung Berlins fand ich ein Regal mit dem Titel »golden age und Ruhestand«. Der Inhalt der meisten Bücher in dem Regal tendierte in die Richtung, die »golden age« schon andeutet: Frauen seien Göttinnen und altern deswegen auch nicht oder wie man geistig und körperlich jung bleibt. Irgendwie hatte ich den Eindruck, dass das Alter nur dann ein »goldenes Zeitalter« wird, wenn man gerade nicht altert, sondern um jeden Preis jung bleibt. Ich will keinen weiteren Ratgeber dazulegen, sondern vielmehr der Frage nachgehen, wie das letzte Drittel (m)eines Lebens gelingen kann, ohne die Augen davor zu verschließen, dass ich alt bin und älter werde, mit allen Vor- und Nachteilen.

Peggy March (geb. 1948) sang 1965 »Mit 17 hat man noch Träume, da wachsen noch alle Bäume in den Himmel der Liebe. Mit 17 kann man noch hoffen, da sind die Wege noch offen in den Himmel der Liebe. Doch mit den Jahren wird man erfahren, …« Manche Träume und Illusionen sind im Laufe des Lebens auf der Strecke geblieben, aber Erwachsenwerden kann doch nicht nur heißen, realistischer zu werden. Gestartet sind alle Menschen mit dem Wunsch und den individuellen Vorstellungen eines guten Lebens. Wie das konkret aussieht, das bestimmt ein Zusammenspiel von Herkunftsfamilie, Geschlecht, Talenten und Begabungen, Charakter und Mut, Chancen und Schwierigkeiten, Wünschen und Wirklichkeit, einige Illusionen aufgeben und an manchen Träumen eisern festhalten.

## Entscheidungen neu gewichten

Mit den Jahren sollten wir gelernt haben, dass jede Entscheidung Konsequenzen zur Folge hat. Wir können nicht alle Wege gehen, die vor uns liegen. Entweder geht man keinen oder entscheidet sich mit der Wahl von einem automatisch gegen die anderen. Je weiter das Korsett gesellschaftlicher Vorschriften und Erwartungen geschnitten ist, das uns immer weniger zu Entscheidungen zwingt, desto größer muss die innere Überzeugung des Einzelnen sein. Ich möchte nicht den äußeren Halt durch gesellschaftliche Konventionen mit dem Preis der persönlichen Freiheit bezahlen. Lieber stöhne ich über ein Zuviel an Freiheit als über ein Zuviel an Konventionen.

Ich habe den Eindruck, dass zu keiner Zeit mehr gesellschaftliche Konventionen aufgegeben und sakrosankte Bastionen geschleift wurden als in den letzten Jahrzehnten.

Wenn ich jetzt von Knicks und Diener schreibe, dann werden jüngere Menschen nicht einmal mehr wissen, was das ist, geschweige es noch können. Manches Liebgewordene ist beim Schleifen auf der Strecke geblieben. Insgesamt finde ich die Bewegung hin zu mehr Freiheit und weg von gesellschaftlichen Konventionen begrüßenswert. Doch die Diskussion über Frauenquoten in Parteien, Parlamenten, Kirchen und Aufsichtsräten zeigt, dass wir in Hinblick auf größere Freiheit und Gleichberechtigung noch lange nicht am Ende einer Entwicklung sind.

Die Freiheit, über mein eigenes Leben zu entscheiden, wünsche ich mir aber auch für mich persönlich: Ich entscheide lieber selbst über mein Leben, als dass über mich entschieden wird, denn am Ende soll mein Leben auch das Ergebnis der Entscheidungen gewesen sein, die ich gefällt habe oder denen ich ausgewichen bin. Ein gelungenes Leben ist selbstverschuldetes Leben, denn mit den Fehlern, die in meinem Leben gemacht wurden, kann ich besser umgehen, wenn ich sie gemacht habe, als wenn sie von anderen in meinem Leben gemacht wurden. Von beiden gibt es genug, doch je älter ich geworden bin, desto mehr war mein Leben auch das Ergebnis meiner Entscheidungen und nicht der Entscheidungen anderer. *No risk – no fun* und so viel weiß ich inzwischen, nicht jede Entscheidung war richtig, aber das Entscheiden an sich war es auf jeden Fall.

Die begrenzte Lebenszeit fordert, ständig Entscheidungen zu fällen. Es gibt nicht genug Zeit für alle Optionen und die eigene Wunschliste ist möglicherweise länger als die zu erwartende Lebensspanne. Wahrscheinlich sind die Wahlmöglichkeiten in unserem Leben in den letzten Jahrzehnten im Vergleich mit der Generation unserer Großeltern enorm gewachsen und hat sich gleichzeitig das Tempo des Lebens erhöht. Beides macht das Leben nicht leichter. Mehr Wahl heißt auch mehr Verzicht.

An der Schwelle zum letzten Lebensdrittel steht der prüfende Blick zurück, ob die getroffenen Entscheidungen richtig gefällt wurden, denn ein Leben will nicht nur gelebt, sondern auch geführt werden. Hoffentlich haben unsere Entscheidungen die erwarteten Ergebnisse gebracht. Irgendwann erkennen wir auch den Preis, den sie gekostet haben, und wenn wir richtig gerechnet und etwas Glück gehabt haben, dann geht unterm Strich die Rechnung auf. Angesichts des sich abspulenden Lebensfadens wird uns bewusst, welche Entscheidungen nicht mehr länger verschoben werden sollen, und wir beginnen möglicherweise einiges anders zu sehen und neu zu gewichten als noch vor Jahrzehnten. Das Zitat »Wer mit zwanzig kein Kommunist ist, hat kein Herz. Wer mit vierzig noch Kommunist ist, hat kein Hirn« wird den unterschiedlichsten Personen zugeschrieben. Sein Inhalt ist wichtiger als die Autorenschaft. So richtig es ist, wenn die Jugend zur Radikalität neigt, so klug ist es, wenn der Mensch mit den Jahren gelernt hat, dass das Leben ohne Kompromisse nicht zu führen ist. Es gehört zur Lebenserfahrung, die Zwiespältigkeiten auszuhalten, denn es lassen sich nicht alle Ungereimtheiten aus dem Leben entfernen. Der Ausblick auf das sich vor einem ausbreitende Leben und die Erwartungen daran dürfen groß und hoch sein. Im Verlaufe der Jahre werden sie, wenn man einsichtig ist, durch Kompromisse ohnehin auf ein realistisches Maß gestutzt.

Ein Zahnarzt sagte mir auf seinem Sterbebett: »In der Jugend habe ich meine Gesundheit dem Geld hinterhergeworfen. Heute schmeiße ich das Geld meiner Gesundheit hinterher und meine Kinder sind genauso geworden wie ich.« Bei seiner Beerdigung bestätigte sich diese Aussage, hatten seine Kinder doch nur an einem Mittwochnachmittag Zeit. Sie waren ebenfalls Ärzte und an dem Nachmittag waren die Praxen ohnehin geschlossen und sie hatten keine finanziellen Einbußen durch die Beerdigung ihres Vaters.

## Zeit, sich am Leben zu freuen

Im ersten Lebensdrittel haben viele gerne Sätze über den Sinn des Lebens am Kühlschrank oder über dem Schreibtisch hängen wie: *Niemand wird dir deine Träume erfüllen, du musst es schon selber machen* oder *Große Dinge beginnen klitzeklein* oder *Wann hast du das letzte Mal etwas zum ersten Mal gemacht?* oder *Leben ist das, was passiert, während du Pläne machst*, um irgendwann zu erkennen, dass sie wahr sind, wir von ihnen aber weder ein Brot kaufen noch die Miete bezahlen können – es sei denn, wir haben diese Karten produziert. Ich mag Spruchkarten und bleibe regelmäßig in den Geschäften dabei stehen. Den Wahrheitsgehalt der tiefsinnigen habe ich inzwischen selbst erfahren, weshalb ich mit fortschreitendem Alter die witzigen interessanter finde.

Ein Satz meiner Großmutter, der sich durchgetragen und bewahrheitet hat, den ich aber noch nie auf einer Spruchkarte entdeckt habe, lautete: »Es ist nichts schwerer zu ertragen als eine Reihe guter Tage«. Dahinter steht die Lebenserfahrung, dass der Wechsel von vielen Werktagen und wenigen Feiertagen dem Empfinden der Menschen sehr entgegenkommt. Den Feiertagen ihren Reiz abzugewinnen, das ist leicht. Doch was machen wir mit der viel größeren Menge an Alltagen?

Es ist gut, sein Leben zu planen, doch wenn man ganz im Planen und Arbeiten aufgeht und die beglückenden Momente und Dinge nur in den Ferien erlebt oder auf die Zeit nach der Berufstätigkeit verschiebt, das ist riskant. Wenn so jemand dann kurz nach Erreichen der Rente stirbt, hört man von den Hinterbliebenen den tragischen Satz: »Jetzt wollte er doch noch so viele Sachen endlich machen.«

Mich haben die kleinen Freuden des Alltags das Leben nicht nur genießen, sondern in manchen Momenten auch bewältigen lassen. Meine Friseurin Martina begrüße ich immer mit der Bemerkung, dass ich einen Kurzurlaub bei ihr gebucht habe, denn ich genieße meinen Besuch von der ersten bis zur letzten Minute. Man darf das für oberflächlich halten, doch ist es nicht auch eine Gabe, sich an den kleinen und bisweilen nebensächlichen Dingen des Lebens zu erfreuen? Ich habe eine ganze Menge von solchen kleinen Dingen, an denen ich mich erfreuen kann: morgens der erste Kaffee, dazu die Zeitung, keine Musik und kein Gespräch – im Sommer das Spaghettieis – der Geruch, der mir aus dem Wein- oder Whiskyglas entgegenkommt – der Blick in den Schrank, nachdem ich alle Hemden gebügelt habe – der Duft von gemähtem Gras – das frisch bezogene Bett am Abend – tiefes Luftholen, nicht nur am Meer – und die Aufzählung könnte lang und länger werden. Was für ein Glück, sich freuen zu können, und wem das zu oberflächlich oder banal ist, der finde für sich etwas Größeres. Hauptsache, er findet etwas.

Im Vorgespräch zur Silberhochzeit sagte mir die Frau, sie bekomme noch jede Woche Blumen von ihrem Mann. Als ich dann überrascht und erstaunt fragte, ob man sich nicht auch an den Blumenstrauß am Wochenende gewöhne, da lächelte sie und sagte: »Ich weiß nie, an welchem Tag er mit den Blumen kommt.« Kleine Sachen sind keine Kleinigkeiten.

Der größte Teil des Lebens findet nun einmal in dem statt, was wir Alltag nennen, und das gilt selbst für die gekrönten Häupter und Filmstars. Über deren Leben liegt mehr Glanz und öffentliche Aufmerksamkeit, doch auch daran gewöhnt der Mensch sich und es wird irgendwann alltäglich – vermutlich auch bei den Promis. In allen Kulturen gibt es einen natürlichen Wechsel von vielen Arbeits- und wenigen Feiertagen und dieser Rhythmus scheint sinnvoll und gut zu sein für den Menschen, denn »Es ist nichts schwerer zu ertragen als eine Reihe guter Tage.« Jahr für Jahr bewahrheitet sich dieser Spruch, wenn es wieder heißt, dass Familien an den Weihnachtstagen, immerhin drei nacheinander, mehr streiten als an den anderen Tagen.

Ich kann mich noch daran erinnern, dass mein Vater samstags bis 12 Uhr arbeiten musste. Die Gewerkschaften forderten 1956 mit der Aktion »Samstags gehört Vati mir« den arbeitsfreien Samstag. Sukzessive wurde dieser in den verschiedenen Branchen in den kommenden Jahren durchgesetzt. Die Arbeitszeit sank von fast 50 Wochenstunden auf inzwischen unter 40. Die Debatte um die 4-Tage-Woche wird sicher im Interesse der Menschen geführt, deren Berufsalltag mehr belastend denn erfüllend ist. Das konnte ich von meinem nicht sagen. Es gibt Berufe, bei denen sich die Lebensqualität erhöht, wenn sich die Arbeitszeit verringert, sei es an Stunden pro Arbeitstag oder an Arbeitstagen pro Woche. Die gewonnene Freizeit gilt es jedoch auch sinnvoll zu nutzen und nicht jeder freie Tag ist auch schon ein Feiertag.

## Der goldene Schlüssel

Das letzte Märchen in der Sammlung der Gebrüder Grimm lautet »Der goldene Schlüssel«. Darin muss ein armer Junge zur Winterszeit im tiefen Schnee Holz holen. Nachdem er dieses aufgeladen hat und ganz durchgefroren ist, will er sich erst an einem Feuer aufwärmen. Er scharrt den Schnee weg und findet einen kleinen, goldenen Schlüssel. Wo der Schlüssel ist, muss es auch ein Schloss geben, und er gräbt weiter in der Erde. Da findet er ein eisernes Kästchen und denkt bei sich, dass darin sicher kostbare Sachen sein müssen. Er findet aber kein Schlüsselloch. Endlich entdeckt er eins, so klein, dass man es kaum sehen konnte. »Er probierte, und der Schlüssel passte glücklich. Da drehte er einmal herum, und nun müssen wir warten, bis er vollends aufgeschlossen und den Deckel aufgemacht hat, dann werden wir erfahren, was für wunderbare Sachen in dem Kästchen lagen.«

Das eiserne Kästchen ist der Alltag, der im Verlauf der Jahre unansehnlich geworden ist und Rost angesetzt hat. Doch zu dem verborgenen Inhalt gibt es einen kleinen, goldenen Schlüssel und ganz versteckt ein winziges Schlüsselloch. Wer beides findet, der kann in seinem Alltag ungeahnte Schätze finden.

## Was trägt wirklich?

Das Leben ist für niemanden eine einzige Freude. Auch wenn es ganz normal, ja selbstverständlich ist, dass keiner sich Probleme wünscht – ein Leben ohne Probleme kann selbst zu einem Problem des Lebens werden. Dass der Wohlstand, die Sicherheit und all die mir gegebenen Möglichkeiten, in die ich als Junge in der zweiten Hälfte des 20. Jahrhunderts in Westdeutschland in stabilen Familienverhältnissen geboren wurde, nicht selbstverständlich sind, ist mir schon lange bewusst. Doch all dies ist noch keine Garantie für ein gutes, gar glückliches Leben.

Auch wenn zahlreiche Menschen aus anderen Ländern und Kontinenten durch materielle Not sich gezwungen sehen, ihr Leben zu riskieren, um in wohlhabende Länder zu gelangen, lachende Gesichter sieht man auch in ihrer Heimat und nicht wenige Urlauber erleben ihren Kulturschock nicht, wenn sie nach Afrika, Lateinamerika, Asien oder Osteuropa reisen, sondern nachdem sie zurückgekehrt sind.

Wohlstand und Sicherheit sind nur zwei, wenn auch wichtige Kriterien für ein gutes Leben, doch unterschätze niemand die damit einhergehende Gefahr der Trägheit. Ein Ersatz für Sinn sind Wohlstand und Sicherheit so wenig wie die kleinen Vergnügungen, durch die das Leben angenehmer und manchmal auch erträglich wird. Das Quäntchen Glück, das uns hier und da über den Weg läuft, gilt es dankbar zu ergreifen. Das wohl Beste, das wir in unserem Leben erreichen können, sind tragende Beziehungen, Vertrauen ins Leben, eine sinnvolle Tätigkeit und mit etwas Nachhilfe auch lange geistig und körperlich gesund zu bleiben.

## Fehlerfreundlich bleiben

Eine Erkenntnis des Lebens ist, dass ich auch in Zukunft nicht alles richtig machen werde. Da ist eine gewisse Fehlerfreundlichkeit ganz hilfreich. Das Gefühl, es ginge besser, wird sich immer wieder einstellen. Aber ist ›besser‹ auch wirklich notwendig? Stimmt die Kosten-Nutzen-Rechnung? Was ich soll, das weiß ich; aber ist es auch das, was ich will? Wir sind auch dann ganz gut, wenn wir nicht alle To-dos von unserer Liste am Tag, in der Woche, im Jahr oder im Leben geschafft haben. Das zu akzeptieren ist nicht ganz leicht in einer Gesellschaft, die an vielen Stellen, auch durch uns, auf Perfektion getrimmt ist.

Ist es nicht eine befreiende Erkenntnis des Alters, dass man nicht mehr perfekt sein muss, dass nicht mehr alles im Leben gelingen muss? Im Alter hat man auch das Scheitern erlebt und weiß, dass man nicht mehr siegen muss. Jetzt wird einem bewusst: Die Teilnahme reicht doch auch oder nicht verloren zu haben. Ich bin zu alt geworden, um nur das Fehlerlose akzeptieren zu können. Und vielleicht ist die Erkenntnis noch viel wichtiger im Hinblick auf meine Mitmenschen, die so wenig fehlerlos sind wie ich. Es gibt im Menschen stets ein Mit- und Durcheinander von Eigenschaften und Begrenztheiten.

Wer sich noch im Berufsleben befindet, steht nicht selten unter dem Druck des Gelingens und keinen Fehler zu machen. Wer in der freien Wirtschaft tätig ist, steht zusätzlich unter dem Druck der Konkurrenz. All das ist an und für sich nicht schlecht. Doch dem nicht mehr ausgesetzt zu sein, erlebe ich als eine Entlastung. Für mich persönlich kann ich sagen: Der Druck von außen hat zwar nachgelassen, aber an dem Druck, den ich mir selbst mache, muss ich noch arbeiten.

Anstrengung und Erfolg gehen nicht immer Hand in Hand und es gibt die Enttäuschungen des Lebens. Aber manchmal bekommen wir auch unverdient etwas geschenkt, ohne viel dafür getan zu haben. Das Leben ist immer beides: traurig und fröhlich, gut und schlecht, verletzend und tröstend, Erfolg und Geschenk. Wir können unser Leben planen, aber nicht berechnen, und nicht selten liegt die Wahrheit des Lebens mehr im Paradoxen als im Eindeutigen.

Im Rückblick auf mein Leben kann ich im Großen und Ganzen sagen: Nicht alles lief wie geplant, aber es war okay, und das sagen zu können, ist schon ziemlich viel.

Ich bin jetzt in dem Alter, in dem Vorsorgeuntersuchungen und ein Gesundheitscheck alle zwei Jahre empfohlen werden.

Der erste verlief zu meiner vollsten Zufriedenheit. Der Arzt meinte, alle Werte seien normal, jedoch die Leberwerte – und für diese Formulierung hätte ich ihn umarmen können – »zeugen von gutem Leben«. Mit dem Spruch blicke ich gerne zurück auf das, was war, und nehme ihn als Vorsatz für das, was ich tun kann, damit es so bleibt.

## Zum Weiterdenken

- Welche Entscheidungen in meinem Leben haben andere gefällt und welche Konsequenzen hatten sie für mich – vielleicht bis heute?
- Welche Entscheidungen habe ich selbst gefällt?
- Was würde ich heute anders entscheiden?
- Welche Erwartungen hatte ich an das Leben?
- Welche Erwartungen musste ich aufgeben?
- Was habe ich aus dem »Scheitern« gelernt?
- Hat mein Leben, auch wenn ich nicht mehr berufstätig bin, einen guten Wechsel von Feiertagen, Werktagen und Alltagen?
- Was sind die kleinen Freuden meines Alltags?

## 3. KAPITEL

# ÄLTERWERDEN – WAS KANN ICH, WAS WILL ICH, WAS MUSS ICH?

In Köln musste ich durch eine lange Schlange junger Menschen gehen, die vor einem Theater auf den Einlass warteten. Mit der Bitte, mich eben durchzulassen, verband ich die Frage, wer denn heute auftritt. Ich wurde kurz von oben bis unten gescannt und bekam die freundliche Antwort: »Kennen Sie nicht!« Noch Fragen? Ich kann mich für jünger halten, als ich es bin – doch die übrigen Generationen reden dabei ein entscheidendes Wort mit.

Mein Bruder kam am ersten Schultag nach Hause und war neidisch auf die Parallelklasse. »Die hat eine alte Lehrerin, die sicher bald stirbt, und dann haben die einen Tag schulfrei für die Beerdigung.« Diese Lehrerin war noch keine 60 Jahre alt.

## Wir werden anders alt

Für Kinder sind die eigenen Eltern immer alt! Natürlich waren meine Großeltern – ich habe nur die Eltern meiner Mutter noch kennengelernt – noch älter als meine Eltern, aber eben nur *noch* älter. Sie hatten zwei Weltkriege erlebt. Beide Söhne sind als Soldaten an der Front erschossen worden. Meine Großeltern hatten jeweils ein Elternteil auf der Flucht verloren. Diese verstarben alleine und wurden unbekannt beerdigt. Ich kenne meine Großeltern nur als weißhaarige Menschen, die sich schwarz kleideten und ohne Stock nicht laufen konnten. Die Dramatik eines solchen Lebens habe ich erst erahnen können, als sie schon tot waren.

Meine Mutter ist inzwischen 94 Jahre alt und damit fünf Jahre älter, als ihre Mutter es wurde, kleidet sich noch immer farbenfroh und erfreut sich bester Gesundheit. Dennoch verleugnet sie ihr Alter nicht. Vor dem ersten möglichen Unfall hat sie den Führerschein abgegeben. Schweren Herzens trennte sie sich Jahre später von ihrem geliebten Fahrrad und inzwischen steht der Stock neben der Wohnungstür, denn sie fühlt sich mit ihm sicherer. Jede Entscheidung erfolgte aus Einsicht und nicht erst nach einem Unfall oder Sturz. Hoffentlich habe ich diese Fähigkeit von meiner Mutter geerbt.

Menschen werden heute nicht nur älter, sie werden auch anders alt. Nicht nur die jüngeren Generationen nehmen sich mehr Freiheiten, auch die Alten tun das. Sie kleiden sich anders und sie benehmen sich sogar anders. Meine Großmutter weigerte sich noch, im Gehen Eis zu essen, denn man sitzt beim

Essen, und nie im Leben hätte sie eine Hose angezogen. Menschen leben nicht nur länger, sondern ziehen auch später in Altersheime, Pflegeeinrichtungen oder ähnliche Gemeinschaftsunterkünfte, weshalb die Verweildauer in diesen ständig sinkt.[5] Optisch, körperlich und mental sind die alten Menschen heute jünger, als es ihre Großeltern in dem Alter waren, und doch wirken die Menschen eines Jahrgangs oft sehr unterschiedlich alt.

## Was kann ich …

Ich bin Geburtsjahrgang 1960, d. h., ich bin in dem Jahrzehnt angekommen, in dem ich in Rente gehen werde. Natürlich spüre ich die Jahre. Noch nicht, wenn ich morgens die Augen aufmache, aber wenig später beim Aufstehen. Ich komme mit wenigen Aspirin durchs Jahr, die ich gegen eine leichte Migräne brauche. Dennoch weiß ich um die Verletzlichkeit meines Körpers durch einige z. T. schwere Erkrankungen, alle jedoch ohne Langzeitfolgen. Ich kenne Erkrankungen, aber habe keine chronischen Krankheiten.

Dass ich älter werde und sich dieser Umstand auch körperlich zeigt, habe ich jedoch nicht durch die Krankheiten erfahren. Unvergesslich, weil überraschend und deprimierend, war der Moment, als ich von einer jungen Frau überholt wurde, deren klapperndes Rad schon von Weitem zu hören war und die ohne Mühe an mir vorbeizog. Das war kein schöner Tag! Inzwischen bin ich Besitzer eines E-Bikes und behaupte: Ja, man kann sich glücklich kaufen, und wenn ich heute selbst damit überholt werde, mindert das meine Freude an dieser Art der Fortbewegung keineswegs.

## Was will ich ...

In die jetzige Lebensphase bin ich im Verlauf von sechzig Jahren hineingewachsen. Ich wurde weder hineingeworfen noch plötzlich in ihr wach. Es war ein jahrzehntelanger Prozess, der mal mehr, mal weniger aufmerksam von mir verfolgt wurde. Geistige Fähigkeiten und Talente wurden erkannt und gefördert. Mein Beruf machte mir Freude und gab meinem Leben einen Sinn. Sport war nie eine meiner Leidenschaften, aber mit vierzig fing ich an, aktiv etwas für meinen Körper zu tun. Eine Zeit lang lassen sich die körperliche Überlegenheit sowie die geistige Regheit und der wahrscheinlich aktuellere Ausbildungsstand der jüngeren Generation mit der größeren Lebenserfahrung kompensieren. Wenn ich auch überholt werde, ich kenne die Abkürzungen. Doch irgendwann schwindet auch dieser Vorteil.

Jenseits des 60. Geburtstages traute ich mich dann einen Satz zu sagen, den ich zunächst nur im Stillen gedacht habe und den ich inzwischen als echten Gewinn dieser Lebensphase betrachte: »Ich möchte das nicht mehr lernen!« Es kommt der Moment, an dem sich die Erkenntnis einstellt, dass man sowohl körperlich als auch geistig nicht mehr alles mitmachen kann, und wenn es gut läuft, dann hat sich mit der Erkenntnis des Nicht-mehr-Könnens auch die des Nicht-mehr-Wollens eingestellt.

Meine Mutter versuchte ich noch mit Ende achtzig zu überzeugen, wie praktisch und hilfreich ein Smartphone oder Tablet sein kann. Doch selbst die Geburt der ersten Urenkelin und die Aussicht auf täglich neue Bilder oder Videos vermochten sie nicht davon zu überzeugen. Sie freut sich stattdessen an den zugesandten Papierabzügen und einem Livestream auf dem iPad ihrer Kinder, wenn diese zu Besuch kommen.

Als ich in einem Dienstgespräch den ersten Vortrag hörte über den richtigen Einsatz von Instagram, in dem es um Reels, Stories und Instagram Live, über Geotags und Tilt-Shift-Effekte ging, da teilte ich dem Team nach einer Stunde mit, dass ich von der Notwendigkeit und dem Nutzen dieser Plattform für das anstehende Projekt überzeugt bin, allerdings kaum mehr verstehe, worüber in der letzten Stunde gesprochen wurde, und sagte das erste Mal in meinem Leben den Satz: »Ich möchte das auch nicht mehr lernen.« Das heißt keineswegs, dass mein Wissensdrang erschöpft und mein Speicher voll ist. Ich habe jedoch erkannt, dass ich auch bei größter Anstrengung nicht mehr so gut werde, wie die jüngeren Generationen es mit Leichtigkeit auf bestimmten Gebieten sein werden. Die Fähigkeit, neue Dinge zu erlernen, hat zumindest bei mir mit den Jahren nachgelassen. Das heißt nicht, dass ich nichts mehr lernen will. Lernen will ich jedoch nur noch das, was mir Freude bereitet und worauf ich noch neugierig bin. Ich bin jetzt in einem Alter, in dem ich entscheide, was mir guttut und was nicht, was ich will und was ich nicht mehr muss.

So habe ich vor wenigen Jahren noch eine Fremdsprache gelernt, gehe gerne in neue Kinofilme, wähle neue Reiseziele, unterhalte mich mit Menschen aller Generationen und passe auf, meine Sätze nicht zu oft mit dem Wort »früher« zu beginnen.

Natürlich verschiebt sich im Verlaufe eines Lebens die Relation zwischen Vergangenheit und Zukunft ständig. Dennoch weigere ich mich zu sagen, dass sie sich allein zu Ungunsten der Zukunft verschiebt. Die Zahl meiner zukünftigen Lebensjahre wird kleiner, doch der Schatz der Erinnerungen wiegt den Preis des Verlustes an Zeit zumindest etwas auf.

Altern sollte nicht nur als Verlust im körperlich-biologischen Sinne verstanden werden, sondern auch als Zugewinn auf der psychischen Ebene. Lebenserfahrung ist etwas Wunderbares. Hier und da lässt es sich daher nicht nur nicht vermeiden, von Erfahrungen zu sprechen, sondern es macht sogar richtig Spaß. Sonst hätte man sie vergeblich gemacht und auch andere dürfen davon profitieren. Es gab alte Menschen in meiner Jugend, an deren Lippen ich mit Begeisterung hing und den Geschichten ihres Lebens lauschte. Es waren Menschen, die selbst zuhören konnten und einem nicht sagten, man soll es so machen wie sie. Wir Alten sollen den Kindern zuhören und sie uns. Wir sollen der Jugend zuhören und sie uns. Was wir jedoch nicht vergessen dürfen, ist, dass wir nicht denselben Erlebnis- und Erfahrungshorizont haben, denn wir waren auch mal jung, sie hingegen nicht alt. Daher sollten wir mehr Verständnis für sie haben, als wir es umgekehrt erwarten dürfen.

Lebenserfahrung bekommt einen unangenehmen Beigeschmack, wenn sie zur Abgeklärtheit mutiert. Die Aussagen »Es gibt nichts Neues unter der Sonne« und »Alles schon mal dagewesen« sollten von älteren Menschen nicht gebraucht werden.

Sie sind demotivierend und nur begrenzt richtig, denn vieles kann man zwar lernen, aber alle wichtigen Dinge im Leben muss der Mensch selbst erfahren haben. Auch wenn andere Menschen die gleichen Erfahrungen gemacht haben, überzeugend sind sie erst, wenn ich sie selbst gemacht habe. Ich finde es gut, mich meinem Lebensalter zu stellen, der Geschichte meines Lebens und den damit verbundenen Erinnerungen. Doch seien wir vorsichtig und sparsam mit den Floskeln wie »Zu meiner Zeit«, »Komm du mal in mein Alter«, »Dafür bist du noch zu jung«, »Dafür fehlt dir die Erfahrung« und »Damals …«.

## Was muss ich?

Jenseits der dreißig habe ich die Freude an Abenteuer- und Backpackertouren entdeckt. Lange war ich ein eher ängstlicher Mensch, der sich in seinem Leben überhaupt wenig getraut hat, nicht nur in Sachen Abenteuerreisen. Im Freundeskreis fanden sich wenige Gleichgesinnte, die auf eigene Faust in ferne Länder reisen wollten. Als dann mein Patensohn Jakob mich mit Mitte fünfzig fragte, ob er einmal mitreisen dürfe, war dies ein berührender und unvergesslicher Moment. Doch nach einer dreiwöchigen Rucksacktour quer durch China bei 40 °C und 90 % Luftfeuchtigkeit wuchs die Erkenntnis, von dieser Art Reisen genug zu haben. Es war keineswegs ein Nicht-mehr-Können, sondern vielmehr ein Nicht-mehr-Wollen. Ich habe mich gefreut, dass wir in den Jahren danach auch zusammen durch Deutschland und Europa gereist sind.

Die Reihenfolge von »was muss ich, was kann ich, was will ich« war diejenige, mit der ich groß geworden bin. Sie erfuhr erst mit den Lebensjahren eine langsame Umkehr. Wenn mir heute jemand sagt: »Da musst du gewesen sein! – Das musst du gesehen haben! – Das musst du gelesen haben!«, dann frage ich: »Kann mein Leben sonst nicht mehr gelingen?«, und noch nie hat mir jemand diese Frage mit Ja beantwortet. Ich muss überhaupt immer weniger, aber ich kann noch einiges und ich will auch noch das ein oder andere.

## Freude am Loslassen

Als während der Coronapandemie über Monate alle Lokale geschlossen waren, entdeckte ich das Kochen. Da ich der Freude an gutem Essen und Trinken nicht mehr außerhalb nachgehen konnte, habe ich sie mir ins Haus geholt, wenn auch nicht mit den Ergebnissen, wie ich sie von anderen Menschen gewohnt bin. Dafür musste aber einiges an Equipment angeschafft werden, wie Pfannen, Messer, Reiben und Mixer. Dabei bin ich inzwischen eher in einer Lebensphase angekommen, in der ich Sachen außer Haus bringe und mich trenne. Ob, wann und in welchem Umfang jemand anfängt, sich von Dingen zu trennen, ist von unterschiedlichen Umständen abhängig und kennt keine Regeln.

Eine alleinstehende Tante, der auch dieses Buch gewidmet ist, erlitt mit 88 Jahren einen Oberschenkelhalsbruch und konnte danach nicht mehr ihre Wohnung behalten. Als die

Entscheidung für den Umzug in ein Altenheim gefallen war, fragte sie, ob sie sich noch einige Dinge wie den Sessel ihres Vaters, eine kleine Vitrine und einen Tisch ausleihen dürfe. Auf meinen erstaunten, sogar entrüsteten Hinweis, dass alles selbstverständlich weiterhin ihr gehöre, antwortete sie ruhig: »Nein, das alles gehört mir schon lange nicht mehr. Es ist mir inzwischen zur Belastung geworden.« Nach ihrem Umzug stellten wir beim Ausräumen der Wohnung fest, dass hinter jedem Möbelstück und Bild der Name desjenigen stand, der es bekommen sollte. Innerlich hatte die alte Dame alles bereits losgelassen und »mit warmer Hand« verschenkt, ganz nach der klugen Erkenntnis: Greifen und festhalten konnte ich von Geburt an, jetzt übe ich das Loslassen und Schenken.

Hat man in der ersten Lebenshälfte Freude am Erwerben und Besitzen, so kann dieses Gefühl irgendwann hineinreifen in eine Freude am Loslassen. Das Märchen »Hans im Glück« erzählt von dieser Freude des Loslassens. Hans bekommt zum Lohn für seine sieben Jahre Arbeit einen Klumpen Gold, der so groß wie sein Kopf ist. Auf dem Heimweg tauscht er diesen gegen ein Pferd ein, dieses gegen eine Kuh, dann ein Schwein, eine Gans und schließlich einen Schleifstein. Bei jedem Tausch wird er übervorteilt, empfindet es jedoch selbst als einen Gewinn. Als ihm am Ende der Schleifstein in einen Brunnen fällt, ist er über den Verlust keineswegs traurig, sondern springt auf, kniet nieder und dankt Gott mit Tränen in den Augen, dass er ihn nun auch noch von diesem schweren Stein befreit hat, und das Märchen endet mit den Worten: »›So glücklich wie ich‹, rief er aus, ›gibt es keinen Menschen unter der Sonne.‹

Mit leichtem Herzen und frei von aller Last sprang er nun fort, bis er daheim bei seiner Mutter war.«[6] Ein märchenhaftes Leben verbinden wir eher mit Gewinn als mit Verlust, doch Hans gewann nach der Dienstzeit seines Lebens die Einsicht, dass nicht allein im Hab und Gut das Glück zu finden ist, sondern ebenso im Loslassen, bis hin zum Verlieren.

Wir alle haben Lieblingsstücke, nicht nur im Kleiderschrank. Gegenstände, mit denen wir etwas verbinden, und manchmal ist die damit verbundene Erinnerung das für uns eigentlich Wertvolle. Was sind die Dinge, an denen ich wirklich hänge, an denen »mein Herz hängt«? Als Erstes fällt mir mein Computer mit den zahlreichen Texten ein, in denen viel Arbeit steckt. Aber auch die Tausende von Fotos, die dort gespeichert sind und die mir beim Betrachten schöne Momente meines Lebens in Erinnerung rufen. Zweimal wurde bei mir eingebrochen. Die Uhr, die ich zu meiner Erstkommunion geschenkt bekam, war wertvoll, aber ich vermisse mehr ihren ideellen als den materiellen Wert. Wir können nichts Materielles wirklich besitzen, alles müssen wir irgendwann loslassen. Ansonsten wird es uns spätestens am Ende des Lebens genommen werden.

Und was heißt schon besitzen? Besitzt der das Bild mehr, der es in seinem Haus an der Wand hängen hat, als der, der die Schönheit darin erkennt, auch wenn es nicht ihm gehört? Könnte ich einen echten Vermeer mein Eigen nennen, wäre ich ein reicher Mann, hätte aber ständig Angst, ihn zu verlieren, sei es durch Brand oder Diebstahl. So bin ich froh, keinen Vermeer zu besitzen, kann mich aber dennoch an seiner

Schönheit im Museum erfreuen. Ich muss die Bilder im Museum oder die Möbel in den Schaufenstern nicht in meinem Zimmer haben. Ich bin schon glücklich, dass es sie gibt, und nicht erst, wenn ich sie besitze.

Was bleibt von uns, wenn wir einmal fast alles losgelassen haben – wer sind wir hinter dem, was wir jetzt noch unser Eigen nennen – und wer bin ich vor all den Dingen? Die Dinge sind nicht ich, aber wer bin ich mit ihnen geworden und wer würde ich gerne noch werden? Ignatius von Loyola (1491–1556), dem Begründer des Jesuitenordens, wird die Aussage zugeschrieben, wer länger als 15 Minuten über den Verlust einer Sache trauert, habe zu sehr daran gehangen. Man mag das übertrieben finden, doch steht dahinter der Gedanke einer radikalen, inneren Freiheit.

In dem Kultfilm »Harold und Maude«[7] verliebt sich der achtzehnjährige Harold in die achtzigjährige Holocaustüberlebende Maude, die mit Freude, Feingefühl und großer Reife diese Liebe erwidert. Als er ihr einen einfachen Ring mit der Gravur »Harold liebt Maude« schenkt, antwortet sie: »Und Maude liebt Harold. Das ist das schönste Geschenk, das ich seit Jahren bekommen habe.« Einen Moment später wirft sie den Ring mit einer eleganten Bewegung ins Meer. Dem entsetzt schauenden Harold sagt sie: »Jetzt weiß ich immer, wo er ist.«

Es ist eine große Aufgabe, in eine Haltung hineinzureifen, in der alle Dinge ihren Wert behalten, selbst wenn wir sie nicht festhalten. Die Kunst besteht darin, sich in Freiheit von etwas trennen zu können, bevor es mir am Ende des

Lebens durch den Tod ohnehin genommen wird. Es geht keineswegs darum, die Dinge geringzuschätzen oder gar zu verachten, wenn man sich von ihnen trennt. Aus einer Haltung der Geringschätzung möchte schließlich niemand etwas geschenkt bekommen. Wenn ich heute durch die Stadt gehe, dann kann ich vor den Auslagen stehen bleiben und mich an den Dingen erfreuen, ohne gleich den Wunsch zu entwickeln, sie auch besitzen zu wollen. Im Alter sollte es nicht mehr so entscheidend sein, worin ich materiell lebe, sondern aus welchen ideellen Werten ich meine Zufriedenheit schöpfe. Ich freu mich über Geschenke, doch wer mir jetzt noch etwas schenkt, sollte damit einverstanden sein, dass ich es morgen eventuell schon wieder weiterschenke. Deshalb investiere ich inzwischen fast nur noch in Erinnerungen und Unvergängliches, d. h. in eine gute Ernährung sowie in Kino und Kunst, Theater und Oper, die nächste Generation und die Nächstenliebe, denn was ich gegessen, getrunken, gesehen, gehört, gelesen, getan, verschenkt und gespendet habe, das kann mir nicht mehr genommen werden. Diese Erinnerungen sind beständiger als aller Besitz.

So wie »Harold und Maude« ein Film ist, den man sich im Alter ruhig mal wieder ansehen sollte – auch um dem wundervollen Soundtrack von Cat Stevens zu lauschen –, so ist die Lektüre von Ernest Hemingways Kurzroman »Der alte Mann und das Meer«[8] gerade im Alter lesenswert. Neben den unterschiedlichsten Deutungsmustern ist dieser Roman auch ein Lehrstück über das Leben. Der alte Fischer Santiago fängt auf einer einsamen Tour, weit draußen auf dem Meer, den größten Marlin, einen Speerfisch, seines Lebens. In einem langen Kampf ringt er ihn nieder. Allein bekommt er diesen Fisch jedoch nicht in sein Boot und muss ihn längsseits vertäuen. Auf dem Weg zurück in den Heimathafen verteidigt er ihn gegen Haie und andere Raubfische, die ihn dennoch Stück für Stück auffressen, sodass Santiago den Hafen schließlich nur mit dem Skelett des Fisches in der Morgendämmerung des vierten Tages erreicht. Alles, was wir uns im Leben erkämpft oder erworben haben, werden wir auch wieder verlieren. Der Kampf und das Bemühen sind deswegen aber keineswegs vergeblich oder nutzlos gewesen.

Wer loslässt, kann dennoch Wünsche haben. Was ist es, was wir uns im Alter wünschen und noch gerne hätten? Rahel W. (vier Jahre) lag laut weinend über den Beinen ihres Vaters und rief: »Ich werde mein ganzes Leben nicht mehr glücklich sein!« Was war geschehen? Ihr Lieblingseis war an dem Tag nicht mehr zu bekommen. Die Wünsche eines Kindes sind, aus der Sicht Erwachsener, oft gering und unbedeutend. Doch für das Kind hängt das ganze Glück daran, zumindest in dem Moment. Im Verlauf des Lebens lernen wir, welche Wünsche wirklich wichtig sind. Unsere Eltern hatten auf die Frage ihrer Kinder, was sie sich zu Weihnachten wünschen, stets dieselbe Antwort: »Liebe Kinder und gute Noten.« Mir wären materielle Wünsche lieber gewesen, konnte ich den mit den guten Noten doch bis zum Abitur nicht erfüllen. Dabei lassen sich materielle Wünsche doch viel leichter formulieren und erfüllen als andere. Gibt es noch offene Wünsche im Alter? Ist wunschloses Glück überhaupt erstrebenswert? Loslassen heißt nicht, dass man nicht auch noch Wünsche haben kann. Ein Wunsch ist z. B. der, alt zu werden. Doch sind die Menschen zufrieden, wenn dieser Wunsch in Erfüllung geht?

Cicero schrieb mit 62 Jahren in seinem Werk »Über das Alter«[9]:

> Alle wünschen, dass sie es (hic: das Alter) erreichen, doch wenn es erreicht ist, klagen sie es an; so unbeständig und abartig ist die Dummheit. … Wie lange auch immer die vergangene Lebenszeit wäre, nach ihrem Verstreichen gäbe es für ein Alter in Dummheit keinen Trost. … Doch liegt die Schuld für alle solche Klagen beim Charakter, nicht beim Alter. Denn alte Leute, die gelassen, nicht mürrisch und nicht ungebildet sind, erleben ein Alter, das erträglich ist, ein unfreundliches und schroffes Wesen ist aber in jedem Alter beschwerlich.[10]

Auf kluge Art und Weise setzt Cicero sich mit den vier Gründen auseinander, weshalb das Alter oft als beklagenswert angesehen wird, und gibt auf jeden Grund eine Erwiderung:

1. Man kann nicht mehr, was man mal konnte. – Aber die Erinnerung an ein gutes Leben und viele gute Taten können das Alter höchst angenehm machen.
2. Der Körper ist geschwächt. – Aber man sollte das nutzen, was man hat, und was man tut, sollte man entsprechend seiner Kräfte tun.

3. Man wird fast sämtlicher Genüsse beraubt. – Aber die Dinge, die uns früher unwichtig und gewöhnlich erschienen, wie dass man uns grüßt und aufsucht, dass man uns Platz macht und vor uns aufsteht und um Rat fragt, das sind alles ehrenvolle Dinge.
4. Man ist dem Tode nahe. – Aber der Tod sei zu vernachlässigen, wenn er die Seele auslöscht, oder sogar zu wünschen, wenn er sie an einen Ort führt, wo das ewige Leben beschieden ist.

Er diskutiert jeden Punkt ausführlich und führt letztlich die Klage über das Alter auf einen mangelnden Charakter oder die menschliche Dummheit zurück:

> Wie steht es damit, dass gerade die größten Weisen in größtem Gleichmut sterben, die größten Toren aber in größtem Unmut. … Ich habe nämlich keine Neigung, das Leben zu beklagen, wie es viele Gelehrte häufig taten, und ich bereue es nicht, gelebt zu haben; denn ich habe so gelebt, dass ich meine, nicht vergeblich geboren worden zu sein, und ich scheide aus dem Leben wie aus einer Herberge, nicht wie aus einer Behausung. … Denn die Natur kennt, wie in allen Dingen, so auch im Leben ein rechtes Maß. Das Alter aber ist gleichsam der letzte Akt eines Theaterstückes, bei dem wir das Gefühl von Überdruss vermeiden müssen, zumal wenn ein Gefühl von Sättigung mit ihm verbunden ist.[11]

## Die neue Lebensphase annehmen

Wer sich freiwillig von Dingen und Fähigkeiten zu trennen vermag, der wird auch leichter einwilligen in die Entwicklung, die ihm unfreiwillig ohnehin so manches nehmen wird. Dabei wird es sich eher um Fähigkeiten und Fitness handeln als um Hab und Gut, das einem genommen wird. Niemand erwartet, dass man Verluste freudig hinnimmt, aber niemand hört auch gerne eine dauernde Klage über das, was man alles nicht mehr kann. Menschen, die Dankbarkeit zeigen für das, was sie konnten und hatten, und über das, was sie noch haben und können, hört man gerne zu. Es wäre schön, wenn es uns gelingt, im Alter so zu reden, dass die Jungen uns die Erfahrungen unseres Lebens abnehmen und gerne zuhören.

Annehmen, was sich nicht ändern lässt, ist ein Zeichen von Altersweisheit. Dazu gehört die Einsicht, dass alles endlich und alles vergänglich ist – auch ich. Wer in seinem Leben mehr Vergangenheit als Zukunft hat, der wird Sätze möglicherweise eher beginnen mit »Früher«. Wer jedoch nur noch in der Vergangenheit lebt, der ist für die, die noch viel Zukunft vor sich haben, kein angenehmer Gesprächspartner. Das Wort »früher« kann der Gesprächskiller im Kontakt mit den nachfolgenden Generationen sein.

Das Alter ist dank der Altersrente hierzulande eine Lebensphase, in der nicht mehr gearbeitet werden muss, obwohl man noch Kraft hat. Der Eintritt ins Rentenalter kann daher ein Abschnitt im Leben sein, in dem es einen Zugewinn an Zeit und Freiheit gibt, nur meist mit mehr Geld als in Studien- oder Lehrjahren. Auf der einen Seite ist die Rente gut für einen ruhigen Schlaf, kann aber auch schlecht sein fürs Aufstehen. Es wartet also eine neue Herausforderung auf den Menschen. Die Rhythmisierung des Tages, der Woche und des Jahres muss neu gestaltet werden.

Was tun mit dem Mehr an Freizeit? Die Arbeitskollegen waren nicht immer die Freunde, selbst wenn man viel Lebenszeit mit ihnen verbracht hat, und sie gehen nicht unbedingt zeitgleich mit uns in den Ruhestand. Daher fallen viele menschliche Kontakte des Alltags auf einmal fort. Das Mehr an Freizeit kann als eine große Leere daherkommen, verbunden mit dem Gefühl, nicht mehr gebraucht zu werden. Nicht mehr gebraucht zu werden hat einen starken Einfluss auf unsere Emotionalität, denn wir leben in Bindungen. In der Verbindung mit den anderen und dem Eingebundensein in ein großes Ganzes erfahren wir Sinn. Nicht jeder Beruf erscheint uns sofort als ausgesprochen bedeutungsvoll, so wie Arzt oder Lehrerin, doch erinnere ich mich an einen Mann, der Tiefkühlkost in dem Dorf lieferte, in dem ich einige Jahre wohnte. Alle Kunden kannten diesen Mann und sprachen über ihn. Warum? Beim Kundenbesuch ließ er sich erst einmal freundlich stöhnend in der Küche nieder, setzte dann seine, an einer Brillenkette befestigte Halbbrille auf und verlieh sich so, wahrscheinlich unbeabsichtigt, das Aussehen eines Gelehrten. Liebenswürdig und völlig unaufdringlich pries er seine tiefgekühlten Produkte an und alle kauften mehr, als sie beabsichtigt hatten. Die Begegnung selbst wurde zu einem schönen Ereignis und alle Kunden im Dorf freuten sich schon auf den kommenden Besuch. Nicht allein was wir tun entscheidet darüber, ob wir einen Beruf als sinnvoll erfahren, sondern auch das Wie.

Ein ehrenamtliches und gemeinnütziges Engagement ist nicht selten eine Lösung für das unangenehme Gefühl des Überflüssigseins. Wie gut und erfüllend ist es, wenn man auch als Rentner immer noch etwas tun kann, wozu man begabt ist. Als mein Vater in den Ruhestand wechselte, nahm er sich der Finanzen eines kleinen Vereins an und engagierte sich auf einem Gebiet, das ihm sehr lag. Am Ende war die Gesellschaft zwar noch kleiner als vorher, aber stand auf finanziell gesunden Beinen.

Erleben Männer und Frauen das Alter unterschiedlich? Die vermehrte Berufstätigkeit von Frauen stellt sie heute vor Probleme, die viele Männer bereits seit Langem und ihre Großmütter noch seltener kannten: den Wechsel vom Berufsleben in den Ruhestand. Nur in meiner Familie war es gerade andersherum. Meine Großeltern hatten eine REWE-Filiale und einen Ausschank. Beide arbeiteten ganztags. Unsere Mutter hingegen war ausschließlich für die Familie und den Haushalt da.

Einen entscheidenden Unterschied im Altern zwischen den Geschlechtern beschrieb die amerikanische Essayistin Susan Sonntag (1933–2004) 1972 in dem Essay »The Double Standard of Aging«[12]: »Männer dürfen ungestraft älter werden, Frauen nicht.« Im Leben einer Frau seien körperliche Jugendlichkeit und Attraktivität wichtiger als im Leben eines Mannes. Im Leben eines Mannes zähle dagegen vor allem der berufliche Status. Über 50 Jahre später hat die vermehrte

Berufstätigkeit der Frauen noch nicht dazu geführt, dass alternde Frauen mit denselben Maßstäben wie alternde Männer gemessen werden. Susan Sontag teilte in ihrem Essay noch eine andere Beobachtung mit: »Ein Mann, der über sein Alter lügt, gilt als ›unmännlich‹.«[13] Von Männern wird erwartet, dass sie zu ihrem Alter stehen und sich weniger um ihre äußeren Alterserscheinungen sorgen. Vielleicht ist das der Grund, warum Bundeskanzler Schröder sich so vehement gegen die Behauptung wehrte, dass er sich die Haare färbe, und dafür sogar bis vor das Verfassungsgericht zog?

Ich kenne noch die Generation, in der viele Männer nach dem Erreichen des Ruhestandes ihren Frauen erklären wollten, wie sie den Haushalt besser und effektiver gestalten sollten. Der Film »Pappa ante portas« (1991) von Loriot bildet eine Wirklichkeit ab, wie ich sie noch kennengelernt habe. So sehr ich seinen Humor liebe, es ist zu wünschen, dass sein Witz immer weniger verstanden wird.

Trifft das Wort Ruhestand überhaupt das, was man mit Mitte 60 anstrebt?

## Lebemeister statt Lehrmeister

Die nachkommenden Generationen kommen besser mit den Alten aus, wenn die ihnen nicht sagen, wie sie es zu machen haben. Sie sind anders, so wie wir anders waren als unsere Eltern und Großeltern. Ich erwarte fast schon von der jungen Generation, dass sie davon überzeugt ist, es besser zu machen als ihre Eltern und Großeltern. Ich durfte mehrfach Reden halten für Schulabgänger und habe immer gefragt, ob sie es meiner Generation zutrauen, dass wir die Angelegenheiten der Gesellschaft, der Politik und der Umwelt noch gut hinbekommen werden. Niemand hat aufgezeigt! Wenn die junge Generation es sich zutraut, die Zukunft besser zu gestalten als die Gegenwart, die sie von ihren Eltern und Großeltern übernommen hat, dann ist das für mich nicht ein Zeichen von Selbstüberschätzung, sondern von Selbstbewusstsein. Sie wird ebenso Fehler machen wie die Generationen vorher, aber es ist richtig, die Zukunft mit ihren Aufgaben und Erwartungen beherzt anzugehen und mit der Absicht, es besser zu machen als die Vorgänger.

Rein äußerlich betrachtet erscheint uns das Altern vielleicht oft als ein langsames Vergehen, innerlich aber kann es ein andauerndes Werden sein, bis zum letzten Atemzug.

Um die bereits erwähnte Tante im Altenheim zu besuchen, musste ich über 200 Kilometer fahren. Ein Besuch bedurfte also einer längerfristigen Planung. Als dann doch einer kurzfristig nicht stattfinden konnte, bekam ich zu hören: »Jetzt musst du aber nicht denken, dass ich traurig bin.« Zunächst war ich etwas konsterniert über diese Bemerkung. Doch dann habe ich darin eine Haltung erkannt, die sich nicht nur von Dingen getrennt hat, sondern auch von Plänen. Sie, die nichts mehr zu verschenken hatte, ließ mich dennoch jedes Mal beschenkt nach Hause fahren. Nie gab sie ungefragt einen Ratschlag und wurde mir in ihrer Art des Lebens und Alterns ein Vorbild.

Was wir mehr brauchen als Lehrmeister, sind Lebensmeister. Die Gesellschaft braucht Menschen, alte Menschen, die Lebensweisheit ausstrahlen. Es gibt ein Wissen, das aus der Ansammlung von Informationen besteht, und es gibt einen Reichtum an Lebenserfahrung, ein kontinuierliches Verstehen größerer Zusammenhänge, das wir Lebensweisheit nennen. Weise Menschen sind die Menschen, die Profis geworden sind in Sachen Leben. Sie haben gesät und ernten. Beides will gelernt sein und das Ernten kann nur denjenigen gelingen, die auch in eine Lebensfülle hinein gereift sind. Die Teile des Lebens fügen sich Stück für Stück zusammen und wir bestimmen unser Verhältnis zu unserer Vergangenheit, Gegenwart und Zukunft. Jeder Mensch kann im Alter eine Ernte einfahren und hoffentlich auch genießen, selbst wenn es Jahre mit Missernten gab. Es gilt, in Würde und Selbstachtung durch das letzte Drittel des Lebens zu gehen. Hoffentlich ungebrochen und aufrichtig vor uns selbst und der Welt, auch wenn wir schon nicht mehr aufrecht gehen können.

Dass ich selbst keine Kinder habe und folglich auch keine Enkelkinder, heißt nicht, dass ich kein Gespür für das Hinübergleiten von einer in die nächste Generation besitze. Hier und da wird mir beim »Gleiten« auch schon mal nachgeholfen. So erinnere ich mich noch gut an den Moment, in dem mir nach einem Abiturgottesdienst Eltern zuraunten: »Können Sie sich noch daran erinnern, dass Sie unsere Tochter getauft haben?« Mit einem Satz fühlte ich mich auf einmal 18 Jahre älter. Ein anderes Mal wurde ich bei Freunden, die ich aufgrund der räumlichen Distanz nur selten sehe, lautstark mit der Frage begrüßt: »Bist du unser Opa?« Ich genieße die Bezeichnung »Opa«, mit der ich von den Kindern inzwischen immer begrüßt werde. Auch wenn mir am Tag nach dem Besuch meist irgendwo irgendwas wehtut, halten mich meine »Enkelkinder« doch auf Trab. Großeltern sind ein wichtiges Glied zwischen den Enkeln und den eigenen Kindern, sind sie doch von Erziehungspflichten entbunden und dürfen sich ganz der Kür hingeben. Wieder etwas, das man im Alter loslassen darf und für das man etwas anderes bekommt.

Mit einer achtzehnjährigen Nichte habe ich eine Reise durch Norwegen unternommen. Auf dem Wege wollte ich in Oslo ein Schwesternaltenheim besuchen, in dem einige mir bekannte Frauen ihren Lebensabend verbrachten. Die junge Nichte sah diesen zwei Tagen verständlicherweise mit gemischten Gefühlen entgegen. Nach dem ersten Abendessen im Speisesaal raunte sie mir zu: »Großartig, ein ganzer Saal voller glücklicher, alter Frauen.« Diese alten Frauen hatten ohne Worte eine Botschaft ausgestrahlt, die bei der jungen Frau gut ankam.

»Jung« und »jung geblieben« sind nicht dasselbe. Der junge Mensch hat noch viel Zukunft vor sich, der jung gebliebene jedoch das Meiste bereits hinter sich. Wenn keiner mehr alt ist, dann sind alle jung, und wenn alle jung sind, dann hat diese Bezeichnung ihre Bedeutung verloren. Lebenserfahrung und Reife wird nur demjenigen abgenommen, der seine Lebensjahre nicht verleugnet.

Meine Mutter, hochbetagt, spricht trotz bester Gesundheit oft von ihrem Sterben und dem Wunsch, einfach einmal morgens nicht mehr wach zu werden. Wenn sie aber aufwacht, dann möchte sie auch leben. Im Alter gilt es, diese vielleicht größte Spannung im Leben eines Menschen auszuhalten: im Wissen um den Tod den einzelnen Tag zu leben. Was wir brauchen im Zusammenspiel aller Generationen, sind Lebensmeister, und um ein solcher zu werden, muss man sein Leben zum größten Teil gemeistert haben. Solch ein Mensch blickt versöhnt zurück und bejaht sein Leben, auch wenn es Schwierigkeiten gab. Er hat erkannt, dass alles im Leben vorläufig ist und unter dem Vorzeichen der Endlichkeit steht.

## Schluss mit höher, schneller, weiter

Wenn Menschen unterschiedlicher Generationen dasselbe Verhalten an den Tag legen, nehmen wir es unterschiedlich wahr, denn wenn zwei das Gleiche tun, ist es noch lange nicht dasselbe. Im Jahre 1995 sendete die Sparkasse einen Werbespot: Zwei Männer treffen sich nach Jahren zufällig in einem Restaurant wieder. Sie begrüßen sich eine Spur zu laut und fallen sofort zurück in ihr konkurrierendes Verhalten aus der Schulzeit. Der Erste holt drei Fotos raus und knallt sie auf den Tisch mit den Worten: »Mein Haus, mein Auto, mein Boot!« Einige Sekunden herrscht Schweigen. Dann folgt die Replik: »Mein Haus, mein Auto, mein Boot! Meine Pferde, meine Pferdepflegerinnen, mein Anlageberater!«, und der Spot endet mit dem Jingle der Sparkasse. Unbenommen des Umstandes, dass es heute wegen der Pferdepflegerinnen berechtigte

Proteste geben würde, fragen Sie sich einmal, wie alt die beiden Männer waren? Wären sie jünger als dreißig gewesen oder älter als sechzig, die Werbung hätte ihr Ziel völlig verfehlt. Bei den Männern, beide in den sogenannten besten Jahren, war das gockelhafte Konkurrenzverhalten zwar am Rande der Peinlichkeit, entsprach aber einem materiell erfolgreichen Leben, wie man es in dieser Lebensphase erreicht haben kann und sich erträumt haben mochte. Jungen Männern hätte man dieses Verhalten nicht geglaubt und alten Männern nicht verziehen. Zwei Fünfundzwanzigjährige hätten kaum durch eigenen Fleiß so vermögend sein können und bei Fünfundsiebzigjährigen hätte man sich fremdgeschämt angesichts so unreifer alter Männer, die ihren Selbstwert ausschließlich über das Materielle definieren.

In einem Märchen versprach der Teufel einem jungen Mann, dass alles ihm gehören wird, was er im Verlauf eines Tages mit seinem Pferd umrundet. Er müsse nur vor Sonnenuntergang wieder zurück sein. Frohgemut reitet er los und schließt in seine Runde Wälder, Felder und Dörfer ein. Stets sieht er noch etwas, das er gerne sein Eigen nennen möchte, und reitet immer weiter. Zu spät bemerkt er, dass sein Weg zurück an den Ausgangspunkt der Reise kaum mehr zu schaffen ist. Er treibt sein Pferd zum Äußersten an, denn er will schließlich alles behalten, was er gewonnen hat. Mit dem Sonnenuntergang brechen beide jedoch vor dem Ziel tot zusammen. Auf der Jagd nach dem Nächsten und immer Mehr hat er keine Kultur des Beschränkens und der Zufriedenheit gelernt und so am Ende alles verloren.[14]

Die Verlockungen und Versuchungen haben, seit es Märchen gibt, eher noch zugenommen. Wenn ich heute zum Einkauf in einen Supermarkt, einen sogenannten Vollsortimenter gehe, dann bietet das Warenangebot mir nicht nur eine unüberschaubare Fülle an, sondern verursacht bei mir damit auch einen latenten Stress, muss ich doch immer wählen und entscheiden. Inzwischen fokussiere ich mich auf die Produkte, die ich kenne, wohl wissend, dass es möglicherweise noch bessere gibt. Der Lebensweisheit meiner Großmutter folgend »Das Bessere ist der Feinde des Guten« erfreue ich mich am Guten und habe weniger Stress, zumindest so lange, wie die Produkte nicht neu sortiert und umgeräumt werden.

»Das Bessere ist der Feind des Guten.« – Diese Rechnung geht für mich auch sonst im Leben auf. Ich muss nicht überall gewesen sein, nicht alles gelesen, gehört und gesehen, nicht alles probiert, gegessen und getrunken haben, um das Gefühl eines erfüllten Lebens zu bekommen. Für diese Erkenntniss liebe ich es, alt geworden zu sein! Es muss nicht immer besser und es muss auch nicht alles optimiert werden. »Das Bessere ist der Feind des Guten« wäre auch ein guter Satz für eine Spruchkarte.

Wir sind Menschen, die richtige und falsche Lebensentscheidungen getroffen haben. Die Weichen, die darüber entscheiden, ob der Zug des Lebens irgendwann sein Ziel erreicht und ein Leben sich rundet oder ob er sich verfährt oder gar entgleist, werden in der Lebensmitte gestellt. In der ersten Lebenshälfte fällen wir Entscheidungen im Wissen darum, sie ggf. revidieren zu können. Diese Option schwindet mit fortschreitendem Alter und der knapper werdenden Lebenszeit. Bis zur Lebensmitte scheint das Leben ein Haltbarkeitsdatum zu haben, danach ein Verfallsdatum.

In einer Rede zum fünfundzwanzigjährigen Abiturtreffen, wir waren Anfang vierzig, wurde dieser Gedanke thematisiert. Die Entscheidungen, die wir ab jetzt fällten, seien für unser Leben deswegen wichtiger als die vorherigen, weil wir immer weniger Zeit haben, sie noch einmal zu korrigieren. Dies müsse weder als Verlust gesehen noch als Druck empfunden werden, denn mit der schwindenden Lebenszeit wachse hoffentlich auch die Erfahrung und die Besonnenheit.

Natürlich hat der Mensch in jungen Jahren größere Freiheiten angesichts mehrerer Entscheidungsmöglichkeiten und wenn auch mit jeder Entscheidung meine Freiheit geringer zu werden scheint, so haben wir dennoch einen Freiheitsüberschuss, der so schnell nicht ausgeschöpft wird. Jeder kennt zufriedene, glückliche, reife alte Menschen ebenso wie unzufriedene, unglückliche und unreife. Wie man im Alter wird, ist jedoch nicht nur davon abhängig, welche Weichen wir selbst in früheren Jahren gestellt haben, sondern auch von den Lebensumständen und dem Schicksal, auf die der Mensch zunächst einmal keinen Einfluss hat. Dennoch gibt es bei vergleichbaren Lebensumständen und ähnlichen Schicksalsschlägen glückliche und unglückliche, zufriedene und unzufriedene, reife und unreife alte Menschen. Nicht materieller Wohlstand, nicht Bildung oder Begabung, nicht Umstände und Schicksal sind die entscheidenden Faktoren, wie wir im Alter sein werden, sondern unsere grundsätzliche Einstellung zum Leben. Daher schreibt auch Cicero: »Wer in sich selbst nicht die Voraussetzung dafür hat, gut und glücklich zu leben, für den ist jede Altersstufe beschwerlich.«[15] Im Alter dürfen wir gelassener und freigiebiger werden, und zwar mit uns, den anderen, den Dingen und den Umständen, ohne dass sie uns deswegen schon egal oder gleichgültig geworden sind. Wir haben die Unlösbarkeit mancher Probleme und Lebensumstände erkannt, ohne daran zu verzweifeln oder zu scheitern. Auch wenn wir an den Krisen besonders wachsen, wir müssen sie weder provozieren noch lieben. Wachsen können wir an jedem Tag, auch an den glücklichen.

Für das letzte Lebensdrittel gibt es kein Skript. Das erste Drittel ist stark geprägt vom Wachsen und Werden, Entdecken und Lernen, Planen und Entscheiden. Die Eltern und Großeltern, Erzieherinnen und Lehrer sind in dieser Zeit hoffentlich gute Wegbegleiter. Das zweite Drittel ist geprägt von der Berufstätigkeit, dem Sesshaftwerden, dem Gründen einer Familie oder der Entscheidung für einen Lebensstand. War die Jugend abwechslungsreich, ist das mittlere Lebensdrittel eher geprägt von der Wiederholung, manchmal auch von der Umorientierung bis hin zum völligen Bruch mit dem Bisherigen. Doch für das letzte Drittel, das Alter und den Ruhestand, gibt es kein Skript. Dabei werden sie immer umfangreicher im Vergleich mit früheren Generationen.

Was tun mit der vielen Freiheit? Anfangs kann sie noch beglückend sein, besonders wenn man sich gerne aus dem Berufsleben verabschiedet hat. Zu viel des Guten kann jedoch auch anstrengend werden. Der endlich einmal lange Urlaub wird irgendwann langweilig und der Wegfall eines äußeren Rahmens durch eine geregelt Arbeit kann nach einiger Zeit in die Formlosigkeit führen. Langeweile ist okay. Auch Kinder müssen nicht ständig unterhalten werden. Aus Langeweile erwächst bei Kindern sogar oft Kreativität und das kann auch im Alter so sein. Selbst wenn sich Langeweile zunächst nicht gut anfühlt und sie nicht chronisch werden sollte, kann sie in Maßen Perspektiven eröffnen.

»Und dann muss man ja auch noch Zeit haben, einfach dazusitzen und vor sich hin zu schauen«, sagt die schwedische Kinderbuchautorin Astrid Lindgren (1907–2002). Kinder können das richtig gut. Von außen betrachtet tun sie scheinbar nichts, aber innen passiert ganz viel. Sie sind aktiv passiv. Eine Fähigkeit und ein Verhalten, das es sich lohnt, im Alter wieder zu erlernen.

Auch wenn dieses Buch den Titel trägt »Endlich alt«, dann darf es sich nicht um ein einfaches Schönreden einer Lebensphase handeln, die mit großen Herausforderungen aufwartet. Wie in der Pubertät kann das Leben einem im letzten Lebensdrittel wieder fragwürdig werden und in eine Sinnkrise führen. Wer bin ich – was kommt noch – und warum überhaupt das Ganze? Grenzerfahrungen sind Teile unseres Lebens: Pubertät – Midlifekrise – Ruhestand – Alter. Sie können zu Sinnkrisen werden, in denen wir erfahren, dass wir nicht alles im Griff haben und das Leben uns fragwürdig wird. Eine Sinnkrise gilt es jedoch zu durchschreiten und nicht zu umgehen. Das Durchschreiten kann manchmal ein nicht ganz einfaches Aushalten sein, ein Sich-der-Krise-Stellen, ohne eine vorschnelle Lösung zu haben. Die Pubertät war auch nicht eine Angelegenheit von einigen Tagen oder Wochen, sondern von Jahren. Im Alter dürfen wir uns für diesen Reifungsprozess, selbst wenn die Jahre schwinden, ruhig etwas Zeit gönnen. Eine Selbstvergewisserung kann zu einem Perspektivwechsel führen, zu einer heilsamen Veränderung.

## Warum allein nicht einsam bedeutet

Kinder schließen Freundschaften in der Überzeugung, sie würden ein Leben lang halten, dabei erreichen sie oft nicht einmal das Ende des Tages. Das ist in dem Alter aber kein Problem, denn der nächste Tag ist für Kinder noch weit weg. Anders ist es mit den Freundschaften, die wir in der Jugend und als junge Erwachsene knüpfen. Sie basieren auf Überzeugungen und Lebensentwürfen und sind ein unbezahlbares Geschenk, wenn sie ein Leben lang halten. Natürlich können sich auch im Alter neue Freundschaften ergeben, doch die Freundschaften, die eine lange Wegstrecke und eine Lebensgeschichte geteilt haben, sind besonders. Sie sind reich an Erinnerungen und gestärkt durch manche Krise, die sie bestanden haben. Ich denke an einen Freund, mit dem die Kommunikation manchmal nur aus einem Wort oder einer Bemerkung besteht, denn wir wissen, was der andere denkt.

Ein Preis des Älterwerdens ist jedoch, dass es um einen einsam wird, und viele alte Menschen beklagen dies zu Recht. Es gibt immer weniger Menschen, die dieselbe Zeit erlebt und den Lebensweg geteilt haben. Mit jedem Menschen, der aus meiner Generation stirbt, verschwindet etwas von der gemeinsam erlebten Geschichte. Ich habe alte Menschen erlebt, die aus diesem Grunde irgendwann nicht mehr leben wollten. Sie waren nicht alleine, aber es war einsam um sie geworden.

Ich bin nur fünfzehn Jahre nach Ende des Zweiten Weltkrieges geboren, aber er gehört nicht zu meinem Erfahrungshorizont. Wenn ich heute jungen Menschen etwas aus meinem Leben erzähle, dann rechne ich erst nach, wie weit das Erzählte vor ihrer Geburt lag, um zu erspüren, wie es sich für sie anhört. Der Fall der Mauer kommt mir vor, als sei er gestern gewesen, doch wehe, ich fange an, das auch zu glauben.

Umgekehrt ist es den Alten unbenommen, den Erzählungen der jungen Generationen zu lauschen. Wir Enkel konnten unsere Herzen bei unserer Großmutter immer ausschütten und fanden nicht nur ein offenes Ohr, sondern auch Verständnis und Zuspruch. Umgekehrt war dies nicht möglich, verlief doch ihr Lebensweg jenseits meines kindlichen Vorstellungsvermögens. Erst mit dem Durchmessen einer eigenen Lebensspanne erwächst auch die Fähigkeit, das lange Leben der Alten oder schon Verstorbenen zu ermessen. Inzwischen verstehe ich meine verstorbenen Großeltern besser als zu ihren Lebzeiten. Heute kann ich zumindest erahnen, was in ihnen vorgegangen ist, wenn sie zur weihnachtlichen Bescherung zu uns kamen. Da saßen die glücklichen Enkel mit den Geschenken zu ihren Füßen und sie werden in diesen Momenten sicher ihrer im Krieg verstorbenen Söhne gedacht haben. Wir waren alle,

Großeltern, Eltern und Kinder, im selben Raum, doch zwischen uns lagen auch Welten.

Im Alter wird es einsam um den Menschen. Welch ein Geschenk, wenn er es vermag, diese Einsamkeit auszuhalten. Wir sind und bleiben letztlich Einzelne und Einmalige, selbst wenn wir mit vielen zusammenleben. Wir leben unser Leben im Singular und wissen um den Plural, die anderen. Als Individuen sind wir zum Nebeneinander geschaffene Wesen. Wirklich zuinnerst verstehen tun wir auch die nicht, die wir lieben, und uns selbst erkennen wir auch nur bis zu einer unsichtbaren Grenze. Wir sind einander und uns selbst immer wieder ein Rätsel, das sich außerdem mit den Lebensphasen noch ständig verändert. Unser Ich existiert in einer gewissen Einsamkeit, ist jeder doch so einzigartig wie ein Fingerabdruck. Wir sind uns so ähnlich, wie wir uns fremd sind, sei es als Geschwister, als Liebende, als Freunde.

Der Philosoph Arthur Schopenhauer (1788–1860) ging so weit, dass er im Alter von 63 Jahren schrieb: »Ein Hauptstudium der Jugend sollte sein, die Einsamkeit ertragen zu lernen; weil sie eine Quelle des Glückes, der Gemütsruhe ist.« Ob man schon in der Jugend sein Studium darauf richten sollte, weiß ich nicht. Zweifellos erfahren wir in der Pubertät bereits etwas von dem, was es heißt, Mensch zu sein, wenn uns erstmals bewusst wird, dass wir auch Einsame sind, weil einmalig und unverwechselbar. Wir bleiben uns selbst und einander ab einem gewissen Punkte rätselhaft und nie ganz verstehbar.

Doch stimme ich Schopenhauer vorbehaltlos zu bei der Einschätzung, dass all unser Übel daher kommt, dass wir nicht allein sein können, denn es gibt einen Unterschied zwischen Einsamkeit und Alleinsein: Wer einsam ist, der ist allein, selbst wenn er unter Menschen ist. Das gilt umgekehrt nicht automatisch.

Je älter meine Großeltern wurden, desto schwerer fiel es ihnen, die Wohnung zu verlassen. Als sie irgendwann sagten, sie würden auch Weihnachten nicht mehr zu uns kommen, hat mich diese Entscheidung schwer getroffen. Es wurde für mich ein trauriges Fest, dachte ich doch, sie litten unter dem Umstand, allein zu Hause zu bleiben. Inzwischen habe ich verstanden, dass es eine Entscheidung zu ihren Gunsten war. Jetzt ist es meine Mutter, von der ich lerne, zufrieden bei sich sein zu können, auch an Weihnachten und Ostern, trotz der nicht angenommenen Einladungen ihrer Kinder. Sie ist allein, aber sie ist nicht einsam.

Das Wort Einsamkeit hat einen negativen Beigeschmack. Selbst wenn man sich als Sehnsuchtsort eine einsame Insel in der Südsee wünscht, möchte man doch auf der einsamen Insel nicht allein sein. Wie gut, wenn wir im Laufe des Lebens lernen, es mit uns allein auszuhalten. Es hilft im Alter, das Alleinsein nicht gleich als Einsamkeit zu empfinden.

Für mich als Single stellt sich im Rückblick auf mein bisheriges Leben das angenehme Gefühl ein, der richtigen Berufung gefolgt zu sein. Das, was für einen richtig war, getan zu haben, verleiht dem Leben einen Sinn – selbst wenn man es nicht mehr oder immer weniger tun kann. Doch wenn von der personalen Liebe gesprochen wird, sollte ich besser schweigen. Selbst wenn ich mich einige Male im Leben verliebt habe, bin ich doch als Single durchs Leben gegangen. Die Entscheidung für diese Lebensform wurde im Zusammenhang mit meiner Berufsentscheidung gefällt. Ich weiß nicht, ob ich mich bei freier Wahl auf das Abenteuer einer Beziehung eingelassen hätte, doch im Rückblick bin ich zufrieden mit meinem Leben – vielleicht auch, weil ich fast immer in Wohngemeinschaften gelebt habe und nicht vereinsamt bin. Ich habe mein Leben als Single gelebt, doch nur selten habe ich mich wirklich einsam gefühlt. Ich war im Leben verliebt und bin immer noch ins Leben verliebt.

Einsamkeit ist auch ein Auf-sich-selbst-zurückgeworfen-Sein. Ich mag das Gefühl nicht und weiß doch, dass es gut ist, wenn ich mich ihm stelle und nicht ausweiche, nicht sofort nach der nächsten Ablenkung oder Unterhaltung suche. Bewusst angenommene Einsamkeit kann Aspekte von Freiheit und Unabhängigkeit beinhalten.

## Ein neuer Blick auf das Alter

Der Satz »Du siehst viel jünger aus!« ist ab einem gewissen Alter – ab welchem sei einmal dahingestellt – ein gern gehörtes Kompliment. Ich halte es noch nicht für problematisch, wenn »die Alten« sich jünger machen, als sie sind. Problematisch wird es erst, wenn sie sich noch immer bei der nächstjüngeren Generation sehen. Es kann doch nicht sein, dass nur die jüngste Generation ihren Zustand wirklich als glücklich akzeptiert. Will die Jugend auch nie so werden wie ihre Eltern, es sei ihnen gesagt, dass in den Reihenhäusern Menschen leben, die sich das früher auch nicht vorstellen konnten und doch glücklich geworden sind.

Mit den Großeltern hat die Jugend es oft schon wieder leichter. Es mag dem Umstand geschuldet sein, dass die Gebrechen des Alters und das Ende des Lebens einfach noch jenseits der Vorstellung der Jugend liegen. Dafür tut ihnen einfach noch nicht genug weh und ist der Tod noch zu weit weg. Vielleicht liegt es aber auch daran, dass die Großeltern keinen Erziehungsauftrag mehr haben, dafür aber einen Überschuss an Verständnis und Gelassenheit – beides übrigens eine Frucht des Alters und der Bemühungen darum. Die Enkel haben nicht zwangsläufig einen defizitären Blick auf die Generation ihrer Großeltern und sehen nur das, was diese alles nicht mehr können. Die Generation der Großeltern ist hoffentlich weiser und gelassener als die der Eltern und hat einen Zustand erreicht, der von der Jugend sehr wohl wahrgenommen und geschätzt wird.

Und die Generation dazwischen? Sie sitzt in der Zwickmühle. Die Jugend will sie nicht bei sich sehen und sie selbst sieht im Alter wenig Erfreuliches. Dass die Enkel nicht selten ein besseres Gespür für das Alter haben als die Kinder, davon erzählt das Märchen »Der alte Großvater und der Enkel«:

»Es war einmal ein steinalter Mann, dem waren die Augen trüb geworden, die Ohren taub, und die Knie zitterten ihm. Wenn er nun bei Tische saß und den Löffel kaum halten konnte, schüttete er Suppe auf das Tischtuch, und es floss ihm auch etwas wieder aus dem Mund. Sein Sohn und dessen

Frau ekelten sich davor, und deswegen musste sich der alte Großvater endlich hinter den Ofen in die Ecke setzen, und sie gaben ihm sein Essen in ein irdenes Schüsselchen und noch dazu nicht einmal satt; da sah er betrübt nach dem Tisch und die Augen wurden ihm nass. Einmal auch konnten seine zittrigen Hände das Schüsselchen nicht festhalten, es fiel zur Erde und zerbrach. Die junge Frau schalt, er sagte nichts und seufzte nur. Da kaufte sie ihm ein hölzernes Schüsselchen für ein paar Heller, daraus musste er nun essen. Wie sie da so sitzen, so trägt der kleine Enkel von vier Jahren auf der Erde kleine Brettlein zusammen. ›Was machst du da?‹, fragte der Vater. ›Ich mache ein Tröglein‹, antwortete das Kind, ›daraus sollen Vater und Mutter essen, wenn ich groß bin.‹ Da sahen sich Mann und Frau eine Weile an und fingen endlich an zu weinen, holten alsofort den alten Großvater an den Tisch und ließen ihn von nun an immer mitessen, sagten auch nichts, wenn er ein wenig verschüttete.«[16]

Altersdiskriminierung ist jedoch nicht nur etwas, das durch jüngere Menschen geschehen kann. Altersdiskriminierung kann auch durch alte Menschen geschehen, die sich weigern, alt zu sein, weil sie damit nur Negatives verbinden. Wer das Alter als Geschenk sieht und etwas damit anzufangen weiß, der macht sich weniger Sorgen, als wenn er mit einer ständigen Todesangst fast verzweifelt weiterlebt.

Wie in einer Gesellschaft über das Alter und die Alten gesprochen wird, und zwar von allen drei Generationen, hat einen entscheidenden Einfluss darauf, ob man dazugehören möchte oder alles tun wird, um diesen Eindruck zu vermeiden. Wenn das Wort »Rentner« ein Schimpfwort geworden ist, sagt das viel aus über eine mangelnde Wertschätzung hinsichtlich einer Lebensleistung. Wer es selbst abfällig gebraucht hat, der wird sich schwertun, ein solcher zu werden.

Altenheim, Altersheim, Feierabendheim, Feierabendhaus, Pensionistenheim, Seniorenheim oder Seniorenresidenz – egal, wie wir sie nennen, sie sind das Ergebnis einer hoch individualisierten Gesellschaft, an der auch diejenigen mitgewirkt haben, die in solchen Häusern wohnen – ob sie wollen oder nicht. So entstanden die ersten reinen Altenheime hierzulande mit der Binnenwanderung Ende des 19. Jahrhunderts, die dazu führte, dass die Generationen erstmals nicht mehr alle an einem Ort, sondern weit voneinander entfernt lebten.

Ein Student aus Togo wurde quasi wie ein viertes Kind von unserer Familie adoptiert. Daher fuhren wir auch immer wieder nach Westafrika und bekamen Einblicke in eine völlig andere Gesellschaftsstruktur, in der dem Alter ein hoher Respekt gezollt wird. Wenn ein Mensch den Raum betrat, der älter war als die Anwesenden, dann rutschten alle von den Sitzen und gingen in die Hocke, um so ihre Ehrerbietung vor dem Alter zu zeigen. Wenn Erwachsene im Raum waren, dann redete kein Kind dazwischen. Draußen hörte man sie spielen und schreien, doch in einem Raum mit Erwachsenen saßen sie so lange hörend dabei, bis sie ins Gespräch einbezogen wurden. So etwas wie ein Altenheim ist in Togo völlig undenkbar und das nicht nur aus finanziellen Gründen. Dies mag der Vorteil eines Familienzusammenhalts sein, bei dem die Generationen eng beieinander leben.

Die Vor- und Nachteile der beiden Gesellschaftsmodelle halten sich wahrscheinlich die Waage. Ich bin im hiesigen groß und alt geworden. Wenn ich die Freiheiten, die eine individualisierte Gesellschaft mir gegeben hat, gerne angenommen habe, dann muss ich auch irgendwann den Preis dafür zahlen – vielleicht mit einem zu kleinen Zimmer in einem Altenheim.

Mein Vater versuchte seinen Schwiegereltern das Altenheim schmackhaft zu machen, indem er behauptete, an dem Tag dort einzuziehen, an dem er das Rentenalter erreicht habe. Dreißig Jahre nach Erreichen des Rentenalters und nachdem er vier Jahre Pflegefall war, fiel es ihm selbst mit 92 Jahren schwer, in diesen Umzug einzuwilligen. Doch nach einer kurzen Eingewöhnungsphase blühte er in dem verbleibenden Jahr noch einmal auf, hatte mehr Sozialkontakte als vorher und konnte mit seinem Elektroscooter das Haus wieder verlassen und Ausflüge in die Umgebung machen. Damit soll niemandem der Aufenthalt im Altenheim schöner geredet werden, als er ist, aber ich habe viele Einrichtungen kennengelernt, in denen engagierte Menschen gute Arbeit geleistet haben. Abgeschoben werden sollte niemand in ein solches Haus. Auch alte Menschen wünschen sich Nähe und Teilhabe. Lebensbejahung und Lebensfreude sind bei denen größer, die von der Gesellschaft nicht im Stich gelassen werden. Zuwendung, Gemeinschaft, Liebe und selbst Zärtlichkeit machen auch das Alter glücklich. Eine vergreisende Gesellschaft sollte eine größere Aufmerksamkeit richten auf neue Wohnformen im Alter und mit allen Generationen.

In meinen Kindertagen sind diese Heime oft am Stadtrand oder auf dem Land errichtet worden mit der Begründung, alte Menschen wollten Ruhe haben. Später wurden sie dann »zurückgeholt« in die Städte, damit die Bewohner möglichst lange am gesellschaftlichen Leben teilnehmen können. Dafür wurden allerdings die Zimmer so klein, dass auch ich dort nicht gerne einziehen möchte. Ein Wohnplatz muss nach den gesetzlichen Vorgaben mindestens einen Wohn-/Schlafraum von 12 qm für eine Person, für zwei Personen 18 qm umfassen. Dürften die Enkel entscheiden, wie die Großeltern die letzten Jahre verbringen, dann sähen unsere Altenheime anders aus. Die Zwischengeneration müsste zwar die Rechnung bezahlen, würde sich aber später, wenn sie selbst alt ist, möglicherweise nicht so gegen einen Umzug sträuben, wie sie es jetzt oft tut.

Mein erstes Hilfsmittel wegen einer körperlichen Einschränkung war mit 25 Jahren eine Brille. Damit galt ich aber noch nicht als alt. Die Akzeptanz jedes weiteren Hilfsmittels wie Hörgerät, Stock oder Rollator wird mir nicht leichtfallen, denn sie sind ziemlich deutliche Hinweise auf das Alter.

Ja, ich sehe mit Sorge dem Moment entgegen, in dem ich mich einmal pflegen lassen muss. Ich möchte das nicht, ich will das nicht! Hoffentlich lerne ich es dankbar anzunehmen, wenn es so weit ist, damit es die Helfer leichter mit mir haben. Manchmal wird der Wille, es noch allein machen zu können, zum Problem für die Helfenden.

Ja, ich habe Angst vor dem Moment, an dem ich vielleicht noch mitbekomme, dass ich nicht mehr alles mitbekomme, und realisiere, dass dieser Prozess unumkehrbar sein wird.

In den Jahrzehnten meines Berufslebens hatte ich das Glück, viele alte Menschen zu treffen. Es gab jede denkbare Kombination: glücklich und grantig, zufrieden und nörgelnd, wohlhabend und bedürftig, gesund und leidend, einsam und gemeinsam, in der Familie und im Heim, kinderlos und kinderreich, Single – verheiratet – geschieden – verwitwet. Daher weiß ich, dass es nicht den einen Grund gibt, der darüber entscheidet, wie ich im Alter sein werde, aber es gibt mich, meine Lebensweisheit und meine Entscheidungen. Es gibt in jeder Phase des Lebens etwas, von dem wir Abschied nehmen müssen und etwas Neues entdecken, auch im Alter. Nie ist alles gut, aber das Gute gilt es zu sehen. Nie ist alles schön. Ich habe mich entschieden, das Schöne zu entdecken, da wo ich lebe, wenn ich schon nicht da lebe, wo es schön ist.

Von der französischen Sozialrevolutionärin und Philosophin Simone Weil (1909–1943) stammt die bedenkenswerte Aussage: »Der Schönheit der Welt keine Aufmerksamkeit geschenkt zu haben, ist vielleicht ein so schweres Verbrechen der Undankbarkeit, dass es die Strafe des Unglücks verdient.« Also tun wir uns selbst etwas Gutes und gehen auf die Suche nach dem Schönen in unserer Umgebung. Ich weiß, es gibt für jeden etwas zu entdecken!

Verantwortung gegenüber den Alten ist eine Errungenschaft der Gesellschaft und eine Frage der Würde, auch der eigenen! Niemand möchte übersehen werden, doch jeder kann auch etwas dafür tun, dass er gerne gesehen wird, selbst, auch und gerade im Alter.

Am Ende dieses Kapitels bin ich mir bewusst, dass nicht einmal ansatzweise alles gesagt wurde, was sich über das Alter sagen lässt. Das war auch nicht meine Absicht. Alter ist zur Gegenwart gewordene Vergangenheit. Das Kind wünscht sich die Zukunft herbei, die Jugend lebt in der Gegenwart und das Alter beginnt, wenn die Vergangenheit zur Gegenwart geworden ist. Im Alter ist das Leben zu einem Teil der Geschichte geworden und ist in Geschichten verdichtetes Leben. Alt zu werden mit allem, was dazugehört, passt anscheinend nicht gut in unsere Gesellschaft, in der es um Optimierung geht – aber – ist Reifung nicht die Königsdisziplin in Sachen Optimierung?

Ich habe ein Alter erreicht, in dem ich zufrieden bin mit dem Fragmentarischen und die Erkenntnis gewonnen habe, niemals im Leben anzukommen. Aus einem Suchen und gelegentlichen Finden ist Schritt für Schritt stattdessen ein Erleben geworden. Ich war nie verheiratet und habe keine Kinder. Die Aussichten auf einen wachsenden Pflegenotstand und mögliche Einsamkeit sind für mich nicht gut. Dennoch und gerade deswegen will ich mein Altern nicht verdrängen, sondern aufmerksam wahrnehmen. Allein mit Anstrengung und Bemühen wird das nicht gelingen, wohl aber mit Aufmerksamkeit.

Das letzte Lebensdrittel möchte ich nicht nur mit Rückschritt in Verbindung bringen. Ich habe mir mit den Lebensjahren Freiräume geschaffen und erobert. Dieser Freiraum ist wie ein Spielraum im Alter, in dem ich wieder spielen kann.

Das Altern ist kein Scheitern vor dem Leben und es ist schon gar nicht eine Krankheit.

Jeder Leser sollte nach Gutdünken ergänzen oder streichen, korrigieren oder fantasieren, wenn ihm was fehlt. Schön wäre es, wenn das Gefühl sich einstellt, dass man keine Angst vor dem Altwerden haben muss. Man kann noch immer viel Unsinn machen, halt nur etwas langsamer!

## Zum Weiterdenken

- Was möchte ich noch lernen?
- Kann ich annehmen, dass Lernen im Alter schwerer fällt?
- Erkenne ich Stereotypen in meinem Reden?
- Kann ich – auch jungen Menschen – zuhören, ohne ungefragt zu antworten?
- Woran hängt mein Herz? Welchen materiellen Verlust könnte ich nur schwer verschmerzen und wovon könnte ich mich schon jetzt trennen?
- Welches Buch will ich noch (einmal) lesen?
- Welchen Film will ich noch (einmal) sehen?
- Welche Musik möchte ich immer wieder hören?
- Welche Fähigkeiten kann ich der Allgemeinheit noch zur Verfügung stellen? Wo werde ich gebraucht?
- Was habe ich in meinem bisherigen Leben als sinnvoll erfahren? Woran erinnere ich mich in einer Zeit der Sinnlosigkeit gerne?

# 4. KAPITEL

# SPIRITUALITÄT: WORAUS UND WORAUFHIN LEBE ICH?

Die Frage nach dem Sinn des Lebens wird in der zweiten Lebenshälfte, sicher jedoch im letzten Lebensdrittel, anders beantwortet als in der ersten Lebenshälfte und es hat den Anschein, dass die Spiritualität als vierte Dimension der Gesundheit, neben der physischen, der psychischen und der sozialen, in dieser Phase an Bedeutung gewinnt.

Wie ein Baum nicht nur eine Krone gebildet hat, scheint der Mensch sich seines unsichtbaren Wurzelwerkes in der zweiten Lebenshälfte bewusster zu werden, eine stärkere Beziehung zu seinem Innen, zur Tiefe zu entwickeln. Neben der Frage »Wie oder wofür lebe ich?« taucht die Frage auf: »Woraus oder woraufhin lebe ich?«

Spiritualität und Vulnerabilität scheinen sich gegenseitig zu beeinflussen und der Mensch entwickelt im Alter eine Antenne für das Unsichtbare. Die Fähigkeit aus Kindertagen, zu staunen und zu lauschen, kann im Alter wiederentdeckt werden durch ein aufmerksames Gestalten von Momenten der Stille. Lässt die Welt mich noch staunen? Großeltern entdecken an der Hand ihrer Enkel die altbekannte Welt wieder neu und erfreuen sich an dem, was sie lange so nicht mehr wahrgenommen hatten. Sie haben dafür nicht nur mehr Zeit als die Eltern, ist doch darüber hinaus das Tempo der Kleinen durch eine Welt, die sie gerade erst entdecken, meist sehr langsam und kommt manchen Großeltern entgegen. Was wurden bei mir für Erinnerungen wach, als ich hörte, dass die beiden Jungs, die ich als Familienpate manchmal begleitete, eine Stöckesammlung angelegt haben. Mir fiel sofort ein, wo ich meine in Kindertagen hatte – links von der Garage zwischen Wand und Hecke. An der Hand der Kinder können wir im Alter wieder lernen, das Unscheinbare wahrzunehmen, im Alltag geistesgegenwärtig zu sein. Wir können noch einmal neu erleben, was der englische Schriftsteller Gilbert Keith Chesterton 1909 in »Tremendous Trifles« beschrieb (1874–1936): »An Wundern ist niemals Mangel in der Welt, sondern nur am Sich-wundern-Können.«[17]

Das Mehr an Freizeit bei schwindender Lebenszeit scheint dem kontemplativen Vermögen des Menschen förderlich zu sein. Der Nachmittag und der Abend des Lebens sind die Zeiten wachsender Kontemplation, der (Rück-)Besinnung und Betrachtung, der Begegnung mit sich selbst, der eigenen Lebensgeschichte und vielleicht auch mit Gott.

Nun habe ich als Priester beruflich ständig mit dem zu tun, was man landläufig, aber keineswegs ausschließlich, mit Spiritualität verbindet: Gottesdienst. Doch selbst wenn man wie ich auch hin und wieder von Berufswegen betet, heißt dies nicht, dass man dadurch automatisch zu einem spirituellen Menschen wird. Wer die Aufgabe hat, dieselben Riten häufig zu wiederholen, steht vielmehr in der Gefahr, dass diese sich langsam, aber stetig innerlich leeren, hohl werden. Am Ende gibt es Gottesdienst vom Fließband. Ich kann mich noch gut an die Zeit erinnern, wo dies auch von den Mitfeiernden genauso gewünscht wurde. Je schneller ein Priester fertig war, desto beliebter war er. Darf ich, kann ich, muss ich (?) von Berufs wegen spirituell sein? Wenn ich Gottesdienste für andere feiere, wie bei Taufen, Hochzeiten oder Beerdigungen, haben diese Menschen ein Recht darauf, dass ich es bin. Spiritualität lässt sich einüben, doch selbst, wenn ich es äußerlich beim Vollzug eines Ritus bin, heißt das nicht, dass in mir dabei etwas »geschieht«.

Wer gelebte Spiritualität stets mit Tiefgang oder Hochgefühl verbindet, der glaubt auch, dass Ehepaare ihr ganzes Leben die Gefühle vom Hochzeitstag haben. Dem ist nicht so. Solche Gefühle sind nicht machbar, aber wir können sie ermöglichen, indem wir ihnen die Gelegenheit geben, sich einzustellen, indem wir den Raum dafür bereiten, selbst wenn dieser sehr oft leer bleibt.

Für mich persönlich sind jährliche Exerzitien eine wichtige Zeit, in der ich den Raum für das Geistliche ausweite auf eine Woche und ganz dafür frei mache. Religiöse Riten eröffnen für mich den Raum zum Geheimnis(vollen) und solange ich dem Geheimnis auf der Spur bin, kann ich spirituell sein. Ich glaube, dass sich in dem Moment, wo man sein spirituelles Tun meint »verstanden« zu haben, das darin verborgene Geheimnis verflüchtigt. Wie ein Mantra erschließt sich sein Sinn im Wiederholen, nicht im Verstehen. So gesehen habe ich bis heute nicht wirklich »verstanden«, was ich tue, aber es ist für mich sinnvoll und wohltuend.

## Die Weisheit des dritten Königs

Es gibt ein religiöses Bild, das für mich auf ganz wunderbare Art und Weise Spiritualität und Transzendenz zur Deckung bringt: das Bild der Heiligen Drei Könige (Mt 2, 1–12). Meist werden diese als Vertreter der drei Generationen dargestellt. Wenigstens einer der drei Weisen kniet. Wenn ich bei Vorträgen spontan frage, ob der Junge, der Mittelalte oder der Alte kniet, liegt die Trefferquote bei fast hundert Prozent. Auch wer noch nie darauf geachtet hat, beantwortet die Frage intuitiv richtig. Es ist der Alte! Der mit der Arthrose, der, dem es am schwersten fällt, der geht auf die Knie.

Der Jüngste wird gerne bei den Pferden und Kamelen positioniert, etwas abseits von Mutter und Kind. In dem Mittelalten begegnen uns wieder die beiden Männer aus der Sparkassenwerbung. Jetzt geht es zwar nicht um »Mein Haus, mein Auto, mein Boot!«, aber dieser König steht da wie ein Macher mit dem Geschenk in Händen und der Krone auf dem Kopf.

Sie zeigen, wie weit er es gebracht hat. Wie der junge König schaut er oft nicht auf die Mutter mit Kind, sondern betrachtet den alten König und erkennt in diesem seine eigene Zukunft. Der Alte hat die Krone abgelegt, das Geschenk beiseitegestellt und ist vor der Mutter mit dem Kind auf die Knie gegangen, obwohl es ihm am schwersten fallen dürfte. Frei von jedem moralischen Beigeschmack wird es der Jugend zugestanden, dass sie sich mehr für Pferde und Kamele interessiert – heute würden da Autos, Computerspiele und TikTok-Videos stehen – als für eine Mutter und ihr Kind. Die berufstätige Generation darf sich wiedererkennen in dem mittelalten König. Er definiert sich über die Macht, die er ausübt (Krone), und das, was er in seinem Leben geschafft hat (Geschenk). Er braucht sich dafür nicht zu schämen. Es muss schließlich einen geben, der die Arbeit macht und das Regiment führt, der die Ausbildung der Jugend ebenso finanziert wie die Rente der Alten.

Die Generation der Alten ist die, die von alldem im wahrsten Sinne des Wortes inzwischen absehen kann. Nach der Freude an den schönen Dingen und der Genugtuung angesichts einer Erfolgsbilanz ist die Erkenntnis der Endlichkeit des Lebens in ihr gereift. Im Blick auf das Baby schließt sich der Kreislauf des eigenen Lebens und beginnt ein neuer. In diesem Kind erkennt der alte Mensch seine Zukunft und der Glaubende seinen Erlöser. Da ihm mit dem Tod seine Macht und sein Besitz ohnehin genommen werden, lässt der Weise sie schon zu Lebzeiten los. Als spiritueller Mensch ergreift er den Fuß der übernächsten Generation, in der sich das Leben fortsetzen wird, und als gläubiger Mensch küsst er den Fuß des Kindes, in dem er seinen Erlöser erkennt.

Mit fünfundzwanzig sind wir großzügig mit dem Leben umgegangen. Mit fünfzig haben wir zu viel gesammelt, um uns leichtfertig davon zu trennen. Mit fünfundsiebzig sollten wir gelernt haben, dass wir nichts festhalten können.

## Die Sehnsucht nach Sinn

Mein Glaube und die damit einhergehende Spiritualität haben sich über die Jahrzehnte meines Lebens gewandelt. Was ich in jungen Jahren aus einer gewissen Sorge, es könnte mir verloren gehen, gerne in festen Formen praktizierte, wurde mit der Zeit flexibler, hat sich bildlich gesprochen verflüssigt und ist so fruchtbarer geworden. Was fest ist, das kann ich mit mir tragen, doch wenn es flüssig ist, kann ich mich darin bewegen. Der nächste Aggregatzustand wäre gasförmig, so wie die Luft, die mich umgibt, und ich könnte meinen Glauben förmlich inhalieren. Ich arbeite dran – wobei – arbeiten ist nicht das richtige Wort. Es ist vielmehr ein Mich-dahin-Denken, eine ungestillte Sehnsucht, unter der ich nicht leide, sondern die mich nach vorne leben lässt. Ich praktiziere Rituale an den verschiedenen Zeiten des Tages und der Woche, doch mein Sein will zum Gebet werden, bevor ich die Hände falte, das Knie beuge, das Gebet spreche. Das ganze Leben will durchdrungen sein, das Ganze will gelebt sein – Schwingungen wollen wahrgenommen werden – ich will noch eine

Hoffnung, eine Sehnsucht, eine Ahnung haben – bis irgendwann die Stille zwischen allen Worten das Eigentliche wird. *»Nunc fluens facit tempus, nunc stans facit aeternitatum«* – »Das Jetzt, das fließt, macht die Zeit, das Jetzt, das steht, macht die Ewigkeit«, schrieb der italienische Theologe und Philosoph Thomas von Aquin (1225–1274). Mit dem nahenden Ende der Lebenszeit sich Schritt für Schritt der Ewigkeit nähern – ein guter Vorsatz für den Glaubensweg.

Für die 1948 gegründete Weltgesundheitsorganisation WHO ist Spiritualität neben der physischen, psychischen und sozialen eine gleichrangige Dimension der Gesundheit. Spiritualität ist eine anthropologische Kategorie, um die existenzielle Lebenshaltung, insbesondere in Grenzsituationen, zu beschreiben und zu bewältigen. Doch anders als die drei anderen Kategorien lässt sich Spiritualität weder messen noch eindeutig definieren, bestenfalls umschreiben. Sie ist etwas Geistliches und sehr Subjektives. In allen Kulturen haben sich spirituelle Ausdrucksformen und Wege entwickelt. Dieses so schwer Fassbare scheint also zum Leben des Menschen dazuzugehören. Religiosität im Sinne von Frömmigkeitsformen verschiedener Glaubensrichtungen sind definierte Formen von Spiritualität. Nicht jede Form von Spiritualität ist jedoch im Umkehrschluss schon Zeichen von Religion. Daher kann eine weltliche Institution wie die WHO Spiritualität zu einer Dimension der Gesundheit erklären, ohne sich damit explizit für Religion ausgesprochen zu haben.

Spiritualität speist sich aus einer sehr persönlichen Erfahrung und spirituelle Suche wird genährt vom menschlichen

Grundbedürfnis nach Sinn. Der österreichische Psychiater Viktor Frankl (1905–1997) schreibt, jeder Mensch habe einen starken »Willen zum Sinn«, der wesentlich stärker sei als der »Wille zur Macht« oder der »Wille zur Lust«: »Aufgrund seines Willens zum Sinn ist der Mensch darauf aus, Sinn zu finden und zu erfüllen.«[18] Wohlbemerkt, Sinn zu *finden*, denn Sinn kann nicht *gemacht* werden, weshalb die gern gebrauchte Redewendung »das macht keinen Sinn« nicht korrekt ist, denn Sinn unterliegt nicht der Kategorie des Machbaren. Spiritualität scheint eine Reaktion und Antwort des Menschen auf der Suche nach dem Sinn seines Lebens zu sein. Stellt sich diese Frage im Leben eines jungen Menschen besonders in der Zeit der Pubertät, tritt sie für viele anscheinend in den folgenden Jahren eher zurück, wenn die Fragen nach der Berufswahl, der Lebensform und der Partnerwahl wichtiger werden. Dies sind lebensentscheidende Fragen, doch scheint deren Beantwortung nicht für den Sinn eines ganzen Lebens zu reichen. Treffender als der Schweizer Psychiater C. G. Jung (1875–1961) kann man es wohl kaum auf den Punkt bringen, wenn es um einen Richtungswechsel im Leben geht: »Was der Mensch vor vierzig außen sucht, das sucht der Mensch nach vierzig innen.«

Die Herausforderungen, die die Diesseitigkeit der Welt stellt, haben wir in der Mitte des Lebens größtenteils beantwortet. Es bleibt allerdings noch viel Lebenszeit übrig mit einer Sehnsucht nach Sinn, deren Beantwortung auf einer anderen Ebene zu suchen ist als bisher. Jedoch wird in der Lebensmitte nicht ein Schalter umgelegt und wir wenden uns plötzlich nach innen, sondern es vollzieht sich ein langsamer

Wandel. Hilft die Natur mit der Pubertät beim Erwachsenwerden nach, so markiert sie die mehr oder weniger zweite Lebenshälfte durch die Menopause bei der Frau und die Midlifekrise beim Mann. Entwickelt sich in der Pubertät der Körper schneller als der Geist, scheint dies bei den Krisen in der Lebensmitte umgekehrt zu verlaufen. Der Körper hat den Zenit seiner Leistungsfähigkeit überschritten und zeigt sicht- und spürbare Verfallserscheinungen, doch dem Geist sind noch lange keine Grenzen gesetzt. Daher plädiere ich für eine zweite Pubertät im Leben, und zwar in der Lebensmitte. Nehmen wir uns Zeit für eine wichtige Weichenstellung, wenn sich die Suchbewegung von außen nach innen verlagert. Niemand muss die Krisen des Lebens mögen, aber sie können uns weiterbringen.

## Spiritualität kennt viele Formen

Wie das Wort lat.: *Spiritus = Geist* schon sagt, handelt es sich bei der Spiritualität um etwas nicht Materielles. Sie hat aber konkrete Auswirkungen auf die Ausgestaltung des Lebens. Sie kommt auch in einer immer stärker säkularisierten Gesellschaft vor. Schwindende kirchliche Bindung ist deswegen keineswegs gleichbedeutend mit schwindender Spiritualität. In volkskirchlich geprägten Gesellschaften bestand diesbezüglich viele Jahrhunderte eine Kongruenz, vollzogen die Menschen aller Generationen doch die gleichen Rituale. Einen Alleinvertretungsanspruch auf Spiritualität hat jedoch keine Religion oder Konfession. Religionen sollen Hüterinnen des Spirituellen sein, nicht deren Herrin, denn Spiritualität gehört niemandem bzw. jedem Menschen sehr persönlich. Mit dem Verlust der Kongruenz haben sich die Ausdrucksformen und Wahlmöglichkeiten vervielfacht. Immer mehr Menschen sagen von sich heute: spirituell ja, religiös nein. Um nur ein Beispiel zu nennen: In meinem Stadtteil in Köln gibt es heute mehr Yogastudios als Kirchen und im Verlauf der Woche gehen mehr Menschen in diese Studios oder in Meditationskurse, als am Sonntag in die Kirche kommen. Was die Menschen an den unterschiedlichen Orten verbindet, ist eine Haltung und eine Suche.

Wer erinnert sich nicht an diese besonderen Momente im Leben, in denen alles passte, sei es am Meer oder in den Bergen? Momente, in denen sich ein Spalt öffnete, als gäbe es vielleicht doch eine andere Welt, eine andere Dimension. Mancher kennt die Überwältigung durch Musik und Kunst, in der sich etwas erspüren lässt, das nicht machbar ist, sondern nur empfangen werden kann, etwas zutiefst Erhabenes.

1916 erschien das Werk »Die Theorie des Romans«[19] des aus Ungarn stammenden marxistischen Literaturtheoretikers Georg Lukács (1885-1971), in der er von der »transzendentalen Obdachlosigkeit« des Menschen spricht. Der Verlust Gottes beraube den Menschen der Transzendenz, die ihm eine Existenz über den Tod hinaus verhieß. Über hundert Jahre später sprechen wir von einer säkularisierten Gesellschaft, in der Spiritualität eine unverändert große Rolle spielt, bei gleichzeitig schwindendem Einfluss der auf diesem Gebiet

Jahrhunderte tonangebenden Kirchen. Wo die Schwelle liegt, über die es von der Spiritualität hinübergeht in das Transzendente, ist schwer zu sagen. Für den glaubenden Menschen ist es ein gleitender Übergang, für den Agnostiker vielleicht eine Stolperkante und für den Atheisten keine Frage. Spiritualität kann man einüben, was man vom Glauben so nicht sagen kann. »Der Glaube ist ein Geschenk«, betont zum Beispiel Papst Franziskus immer wieder, »und nicht das Ergebnis menschlichen Tuns«[20]. Auf jeden Fall muss ich, wie beim Empfang eines Geschenkes, Herz und Hände offen halten.

So wie das Bekenntnis zu einem Glauben Konsequenzen hat, gilt dies auch für das Bekenntnis zum Atheismus. Bei einem Traugespräch bezeichnete sich der Bräutigam, dessen Vater vor nicht allzu langer Zeit gestorben war, als Atheist. Die Vorstellung von etwas Jenseitigem war ihm fremd. Nach der Trauung bedankte er sich für die schöne Feier und sagte tief bewegt: »Ich spüre, mein Vater ist anwesend und sieht das alles hier.« Ich habe seine Worte aufmerksam gehört und im Stillen gedacht, dass ein konsequenter Atheismus in manchen Momenten so schwer durchzuhalten ist wie ein konsequenter Glaube. Der Bräutigam wünschte sich bei dieser Feier so sehr die Gegenwart des Vaters, dass die Transzendenz förmlich in ihn einbrach und er durchdrungen war von der Sehnsucht, der Vater möge wie auch immer weiterleben, selbst wenn das seiner Überzeugung widerspricht, es gäbe kein Leben nach dem Tod. »Es ist schon etwas dran, dass mein Atheismus die Todesfälle in meiner Umgebung nicht ganz überlebt hat«[21], befand der französische Schriftsteller Michel Houellebecq (geb.

1956) 2015 in einem Interview. Ein Gefühl des Triumphes oder gar der Überlegenheit stellte sich bei mir nicht ein, erlebe ich doch umgekehrt in manchen Stunden auch den Einbruch des Zweifels in meinen Glauben. Neben den Momenten, in denen sich ein Spalt öffnet in eine andere Dimension, gibt es eben auch die, in denen die Erinnerung daran bis zum Verschwinden verblasst und alles zusammenbricht.

André Comte-Sponville (geb. 1952), französischer Philosoph und bekennender Atheist, hat ein Buch geschrieben mit dem Titel: »Woran glaubt ein Atheist? Spiritualität ohne Gott«[22]. Atheisten können über ihren Glauben so schreiben wie Gläubige über ihren Zweifel, denn Spiritualität und Transzendenz sind nicht durch eine Wand getrennt, sondern durch eine Membran verbunden. »Ich musste einmal mehrere Stunden auf der Kinderstation eines großen Krankenhauses in Paris verbringen. Da bekommt man eine hohe Meinung vom Menschen und eine ziemlich schlechte von Gott. … Was ist eine Religion anderes als eine Lehre, die etwas, was wir nicht verstehen, durch etwas erklärt, was wir noch weniger verstehen (Gott)? … Der Atheismus schlägt eine glaubhaftere These vor. Wenn Gott nicht zu sehen ist und wenn wir nicht verstehen können, warum er sich verbirgt, dann liegt das vielleicht ganz einfach daran, dass es ihn nicht gibt.« Drei Sätze, nach denen auch ich zum Atheismus tendiere. Doch er sagt auch: »Gott ist weniger ein Begriff als ein Geheimnis, weniger eine Tatsache als eine Frage, weniger eine Erfahrung als eine Herausforderung, weniger ein Gedanke als eine Hoffnung. Er ist das, was wir voraussetzen müssen, um der Verzweiflung zu entgehen.« Manchmal sind die Atheisten die größeren Sehnsüchtigen, sind sie diejenigen, die gerne glauben würden, sind sie die mir so willkommenen Gelegenheitsreligiösen bei ihrer Hochzeit, der Taufe ihrer Kinder, an den Gräbern ihrer Verstorbenen.

Religion ist der Glaube an ein höheres Wesen oder an ein wie auch immer geartetes Jenseits, jenseits aller Diesseitigkeit. Doch gläubige, religiöse Menschen sind deswegen nicht gleich schon spirituelle Menschen. Manche bezeichnen sich als religiös, ohne jedwede spirituelle Praxis. Spiritualität kann in der religiösen Praxis die vielfältigsten und unterschiedlichsten Formen annehmen und sucht damit eine Form der Entgrenzungserfahrung, oft mittels kulturell tradierter Übungen.

Mit dem Schwinden der institutionalisierten Religion geht ein Wachstum anderer Formen und Weisen von Spiritualität einher. Letzteres firmiert in den USA unter den Abkürzungen SBNR ›*Spiritual but not religious*‹ (spirituell, aber nicht religiös) oder auch SBNA ›*Spiritual but not affiliated*‹ (spirituell, aber nicht angeschlossen). Spiritualität wird von vielen Menschen als nützlicher erfahren denn Religiosität. Der erlernte Glaube wurde als etwas erlebt, das seine Überzeugungskraft verloren hat, wurde vielleicht als beengend erfahren, Spiritualität hingegen als etwas Hilfreiches und Entgrenzendes. Beide Male geht es um die Sinnfrage und den Geschmack für das Geheimnis, das Unendliche, die Entfaltung des Mysteriums.

»Die säkulare Moderne hat sich aus guten Gründen vom Transzendenten abgewendet, aber die Vernunft würde mit dem Verschwinden jeden Gedankens, der das in der Welt Seiende im Ganzen transzendiert, selber verkümmern«, bilanzierte der Philosoph und Soziologe Jürgen Habermas (geb. 1929), der sich selbst als »religiös unmusikalisch« bezeichnete. Er sieht eine notwendige Distanz der Moderne zur Transzendenz nicht gleichbedeutend mit einer vollständigen Ablehnung. Nicht alles in dieser Welt lässt sich logisch vernünftig begründen und erklären. Gefühle haben ihren eigenen Verstand.

Aufmerksamkeit ist vielleicht so etwas wie das natürliche Gebet der Seele. Ebenso kann Dankbarkeit als ein Ausdruck von Spiritualität verstanden werden und im Alter sogar Ergebung als eine Form der Frömmigkeit. Aufmerksamkeit, Dankbarkeit und Ergebung verbindet miteinander, dass sie weniger nach außen gerichtet sind als nach innen.

## Wozu brauchen wir noch die Kirchen?

Wenn die Annahme stimmt, dass mit den Lebensjahren die Wichtigkeit von Spiritualität zunimmt, dann stehen die Kirchen vor einem gravierenden Problem, denn wenn sich in einer vergreisenden Gesellschaft die Kirchen und Gottesdienste leeren, dann kann das nicht an der ausbleibenden Jugend liegen. Seit Jahrzehnten bemühen sich die Verantwortlichen mit kärglichem Erfolg darum, die Jugend für den Glauben und die eigene Sache zu gewinnen, und haben dabei übersehen, dass sich inzwischen auch die Alten zum größten Teil abgewandt haben. Lange lebte die Kirche von der Hoffnung, dass im Alter wie selbstverständlich wieder eine Hinwendung zu einer kirchlichen Glaubenspraxis stattfinden wird. Selbst wenn heute überwiegend alte Menschen die Gottesdienste besuchen, handelt es sich doch nur um einen Bruchteil dieser Generation. Es scheint so zu sein, dass die traditionellen Gottesdienstangebote nicht einmal mehr die alten Menschen erreichen, und man sollte sich die Frage stellen, warum ein Angebot, das weder Großeltern noch Eltern anspricht, von den Enkeln aufgegriffen werden sollte. Der Staffelstab ist längst zu Boden gefallen. Die überkommenen Formen, die von Generation zu Generation weitergegeben wurden, schaffen es nicht mehr, die Lebenserfahrung der Menschen von heute auszudrücken. Sie werden nicht mehr als lebensdienlich erfahren und deswegen abgelegt.

Neben dem gravierenden Glaubwürdigkeitsverlust der Kirche begründen viele Menschen ihre Abkehr von der Institution damit, dass sie Kirche als einen Ort erlebt haben, an dem mehr Aussagen als Zusagen gemacht, an dem viel geredet, oft reglementiert und bevormundet, aber wenig geschwiegen und zugehört wurde. Angesichts eines Mitglieder- und Besucherschwundes bemühten sich die Kirchen, gesellschaftlich anschlussfähig zu bleiben, politisch korrekt und sozial relevant. Die mangelnde Nachfrage nach Geistlichem wurde kompensiert mit gestiegener, innerweltlicher Bedürfnisorientierung. Wenn das Geistliche in den Kirchen schon nicht mehr nachgefragt wurde, dann wollten sich die Kirchen wenigstens weiterhin durch einen praktischen Mehrwert für die Gesellschaft unentbehrlich machen und in Krankenhäusern, Schulen, Kindergärten, Beratungsstellen, Bildungshäusern und sozialem Engagement die Stellung halten. Das alles ist ein kaum zu überschätzender Beitrag für die Gesellschaft, der so oder ähnlich aber auch von anderen Institutionen eingebracht wird. Das wesentlich Unterscheidende, das schwerer Verständliche und eigentümlich Verrückte zur Welt – das Spirituelle und Transzendente – trat mehr und mehr in den Hintergrund.

Als sich die Menschen durch Corona mit einer epidemischen Krankheit und erhöhter Sterblichkeit konfrontiert sahen, wurde von den Kirchen ein ermutigendes Wort vermisst und man konnte den Eindruck gewinnen, dass sich niemand traute, den Menschen in aller Bescheidenheit und ohne jede Besserwisserei zu sagen, dass das Leben endlich und der Tod nicht ein Versagen der Medizin ist. Die Geschichtsbücher sind voll mit Geschichten über Epidemien, die verheerend gewirkt haben und Millionen an Toten forderten. Wir leben aber inzwischen in einer Zeit, in der eine solche Krankheit nicht mehr für möglich gehalten wurde bzw. die Medizin auf alles eine Antwort hat. Gleichzeitig fielen die Kirchen und ihre Glaubensgebäude als Zuflucht und Trost für viele Menschen weg und für andere aus. Das überraschende Bedürfnis nach geistlichem Zuspruch, wie man es sonst in persönlichen Krisen angesichts von Krankheit und Tod kennt, blieb weitestgehend unbeantwortet.

Der damalige Bundestagspräsident Wolfgang Schäuble (geb. 1942) machte im Januar 2021 in einer Rede vor dem Corona-Gipfel von Bund und Ländern die gewagte Aussage: »Gesperrte Häfen, geschlossene Märkte und unterbrochene Lieferketten treffen Bauern hart. Sie können ihre Ernte nicht mehr verkaufen, und es fehlt ihnen an Dünger und Saatgut, die Nahrungsmittelpreise steigen dadurch massiv. Das zeigt die komplexen Zusammenhänge. (…) Wir können nicht um jeden Preis jedes Leben schützen, und alles andere muss dahinter zurückstehen.« In dieser Zeit standen Tür und Tor bei den Menschen weit offen für eine geistliche, transzendentale Deutung der Epidemie und der Welt. Doch die Reaktionen aus den Pfarrgemeinden waren sehr unterschiedlich. Woran ich mich erinnere, ist der bischöfliche Hinweis, die Christen seien von der Pflicht des Gottesdienstbesuches am Sonntag entbunden. 95 % der Christen hatten sich schon längst entbunden. Stattdessen wurden zahllose Gottesdienste gestreamt für den kleinen Rest.

## Die Kraft der Zeichen

Es war Papst Franziskus, der es verstand, ein eindrucksvolles Zeichen zu setzen und auf die Macht der Bilder zu vertrauen, die doch eine Stärke der Kirchen sind. Im Lockdown erteilte er an einem Freitagabend den Segen *urbi et orbi*, der traditionell an Weihnachten und Ostern gespendet wird. Versammeln sich dazu sonst zigtausend Menschen auf dem Petersplatz und wird dieser mit einem Meer an Blumen geschmückt, stellte sich der Papst diesmal in Begleitung von einem Helfer auf den menschenleeren Platz. Er hielt eine Ansprache, und obwohl niemand zu sehen war, konnte man zu Hause am Fernseher erspüren, dass er doch zur ganzen Welt sprach.

Hier liegt eine der Stärken der Kirche. Über Jahrhunderte haben sich Riten und Liturgien entwickelt, deren bildreiche Sprache Menschen intuitiv ansprechen kann. Wenn dem Täufling das Wasser über den Kopf gegossen wird, dann ist das ein Zeichen, das für sich spricht, und Anwesende sind berührt, wenn anschließend der (kleine) Mensch mit heiligem Öl gesalbt wird. Wenn einem Kranken die Stirn und die Handflächen gesalbt werden, dann berührt ihn das nicht nur äußerlich. Auch wenn ein Hochzeitspaar sich nach dem Ringtausch die Hände reicht, die Stola des Priesters darum geschlungen wird, die Trauzeugen und der Priester ihre Hände darauflegen, dann rührt das an und sagt mehr als Worte, denn die Sprache der Bilder ist eine spirituell ganz eigene, sehr stille und doch mächtige.

»Der Ritus beansprucht, die Verbindung mit einer aus der Transzendenz in die Welt einbrechenden Macht herzustellen. Solange sich die religiöse Erfahrung noch auf diese Praxis der Vergegenwärtigung einer starken Transzendenz stützen kann, bleibt sie ein Pfahl im Fleisch einer Moderne …«[23] In wichtigen Momenten des Lebens, wenn es um seinen Beginn oder sein Ende, die Verletzlichkeit und Sehnsüchte, die Verzweiflung und Hoffnung geht, dann bauen Riten Brücken aus einer vergänglichen Welt ins Transzendente. Menschen kennen diese Sehnsucht nach Ritualen der Geborgenheit, nach dem Geheimnis.

Religion, hier die Kirchen, dürfen nicht das Motivierende und Entgrenzende vergessen, das ihnen innewohnt und zu eigen ist. Es bedarf einer (Zeichen-)Sprache, die Geheimnis bleibt und dennoch verstanden wird, die das Herz berührt und spirituell ist. Im Rheinland schafft dies eine Sprache, der man das im ersten Moment vielleicht nicht zutraut: Ich meine die Lieder, die im Kölner Karneval gesungen werden. Gefühlt gehen in Köln 50 % aller Beerdigungen mit Karnevalsliedern über den Friedhof und rühren die Menschen zu Tränen, denn oft geht es in diesen Liedern um das Leben mit all seinen Facetten, den Dom und auch um den lieben Gott, und es werden Gefühle geweckt, die die Seelen der Menschen berühren. Wegen ihrer Sprache und dem, was dadurch im Menschen angerührt wird, können diese Lieder in den Kneipen und Festsälen, bei Hochzeiten, in Kirchen und auf Friedhöfen gesungen werden. Spiritualität kann das Ergebnis von Traditionen sein, ist aber nicht an Orte gebunden, sondern an Menschen.

## Beten – mehr als Worte

Mancher mag Beten für einen archaischen Rest aus einer voraufgeklärten Zeit halten mitten in einer säkularisierten Welt, doch ist Beten deswegen sinnlos? Dem Gebet mit der Vernunft beizukommen ist ein möglicher Weg, denn Gebete sollen nicht unvernünftig sein und dennoch ist es ein wenig zielführender Ansatz. In einem Flugzeug steigt die Quote der Beter bei Turbulenzen sprungartig an. Ein gläubiger Mensch, der sich dann über seinen bis gerade noch atheistischen Sitznachbarn lustig macht, ist so unsensibel wie jener, der den Betenden vor den Turbulenzen mitleidig belächelte.

Dem Gebet wohnt stets etwas inne, das über das Leben hinausgreift, und es kann der Versuch sein, der Sinnlosigkeit des Lebens und der Angst in manchen Momenten standzuhalten. Jedes Gebet trägt etwas Transzendentes in sich, appelliert es doch an eine Institution jenseits des uns Bekannten. Gebet kennt keine thematischen Grenzen und ist mehr als Worte. Es kennt alle Formen der Handhaltungen – die Handflächen offen oder erhoben, gegeneinander gehalten oder die Finger verschränkt –, verdinglicht sich beim Entzünden einer Kerze oder dem Gebrauch von Wasser, Weihrauch, Gebetsketten und Gebetsmühlen, kann zum körperlichen Ausdruck werden im Knien oder Liegen und wird im Pilgern zu einer Bewegung auf einem Ort hin, an dem man sich aktuell mit anderen Menschen trifft und über Jahrhunderte mit ihnen verbindet. Die Distanz zu diesen Zeichen ist in einer säkularen Gesellschaft gewachsen und manche Form ruft Befremden hervor, sodass sie erklärungsbedürftig geworden ist, selbst für Gläubige.

Mir wurde die Schönheit einer Herz-Jesu-Figur erst erschlossen durch eine Nichtchristin. Diese Figur zeigt die Person Jesu als einen jungen, schlanken Mann mit langem Haar und Bart. Bei dieser Darstellung hebt er seine rechte Hand zum Segensgestus und zeigt mit der linken auf sein Herz, das nicht im Brustkorb ist, sondern vor seiner Brust gleichsam zu schweben scheint. Bevor ich meine ästhetischen Bedenken gegen diese Darstellung äußern konnte, erklärte meine Bekannte diese Figur als die für sie beste in der Kirche, denn hier werde ein Mann gezeigt, der sein Herz und damit seine

Gefühle nach außen kehrt und sichtbar macht. Seitdem sehe ich diese Figur mit anderen Augen. Impulse von außen können für die eigene Spiritualität so hilfreich sein wie die Spiritualität anderer Menschen, Religionen und Kulturen.

## Heilige Räume

Eine Kirche kann ein Ort sein, an dem die Suche nach dem Sinn des Lebens einen Raum findet. Einen Raum, in dem man erspürt, dass das Leben vielleicht/möglicherweise/hoffentlich doch mehr ist als allein die Zahl der gelebten Jahre und nicht nur ein Zufall. Hier teilen Menschen die Ahnung eines Zieles, in dem Zeit und Ewigkeit sich begegnen.

Gotteshäuser als heilige Räume sind spirituell aufgeladene Orte und sichtbare Zeichen der Transzendenz. Sie sind dem praktischen Nutzen entzogen und nicht dem Willen des Menschen unterworfen. Es sind Räume, die freigehalten werden für das, was uns übersteigt. Es sind Orte der Auseinandersetzung angesichts existenzieller Erfahrungen von großem Leid, aber auch großer Freude. Die Liebe, neues Leben und der Tod bekommen dort ihre eigene Feier, ihnen wird ein besonderer Glanz verliehen und sie werden mit einer Aura versehen.

Es kommen mehr Menschen in die Kirchen außerhalb der Gottesdienste und wer will ermessen, mit welchen Gedanken und Gefühlen dort Kerzen entzündet werden, vielleicht auch von denen, die zunächst nur als Touristen kamen. Diese Räume nehmen jeden auf und prüfen weder Gesinnung noch Glauben. Sie umhüllen und bergen ihre Besucher. Die Welt bleibt, wie sie ist, bekommt aber eine andere Färbung und mancher ahnt etwas, das er doch kaum versteht. Es sind geschlossene Räume der Stille, die den Horizont erweitern, weil sie eine andere Dimension eröffnen. Die unterschiedlichen Stilepochen haben Kirchen als Zeitzeugen hinterlassen und doch stehen sie für etwas Zeitloses und wirken wie aus der Zeit gefallen, hinein in die Gegenwart. Es sind geheimnisvolle Orte. Sie sollten gepflegt sein, und einige Ecken mit Merkwürdigem, Kuriosem und manchmal Befremdlichem machen sie sogar sympathisch und menschlich. Wenn Kerzen nur noch in vorgestanzten Schablonen aufgestellt werden dürfen und der Ruß darüber leise abgesaugt wird, nur damit alles lange sauber bleibt, dann wird diesen Orten ihr besonderer Charme genommen. Warum soll man nach Jahren nicht sehen dürfen, dass Tausende Kerzen in unbekannten Anliegen entzündet wurden? Nicht nur Ruß lässt sich auf den Wänden nieder, sondern der Geist der Beter durchdringt diese Räume und prägt sie. Eine aseptische Gestaltung saugt nicht nur allen Schmutz hinweg, sondern das Geheimnis und den Geist gleich mit.

Wenn die Kirchen als Institutionen auch den spirituellen Führungsanspruch längst verloren haben, so besitzen sie in ihren Räumen wichtige Orte der Spiritualität für jeden, der sie aufsucht. Nicht umsonst finden sich auch in Orten ohne Christen Menschen, die die Kirche im Dorf lassen wollen, denn sie steht für so vieles mehr als für das, was sich mit Worten sagen lässt.

## Zeichen weitergeben

Das letzte Lebensdrittel ist nicht nur die Zeit, sich selbst mit der Frage nach dem Sinn auseinanderzusetzen. Es ist auch eine Gelegenheit, darüber mit den nächsten Generationen in Austausch zu kommen. Daher will ich meine Generation nicht ganz aus der Verantwortung entlassen, die sie gegenüber ihren Kindern und Enkeln hat. Wenn mir Großeltern meinten erklären zu müssen, dass sie wegen des Besuchs der Enkelkinder am Sonntag nicht im Gottesdienst waren, dann habe ich das mit Bedauern quittiert. Wie schade, haben sie der jungen Generation doch damit ein Zeichen vorenthalten. Dasselbe gilt für das unterlassene Tischgebet – wo es diese seltene Form noch gibt –, sobald Besuch anwesend ist. Sind das Lappalien? Vielleicht. Doch wenn es so wäre – umso trauriger. Ich halte diese kleinen Zeichen für überzeugend und sogar langfristig prägender als die meisten Predigten und leider völlig unterschätzt. Die Enkel(generation) mag im Moment merkwürdig berührt sein vom Tun der Großeltern(generation), doch vielleicht wird sie sich daran erinnern, wenn sie selbst alt geworden ist. Wenn der alte König nicht mehr vor dem Kind kniet, sondern seinen Ort verlässt, weil der junge König darüber vielleicht geringschätzig denkt, dann stimmt das Bild nicht mehr und in dem Fall liegt es nur am alten König. Was ich mit diesen beiden Beispielen benannt habe, sind natürlich sehr spezielle Formen meiner Religion und sie können und sollen durch andere Ausdrucksformen gerne ersetzt werden. Gemeint ist hier vielmehr eine stellvertretende Praxis von Spiritualität, wie auch immer sie aussehen mag.

Selbst wer nicht betet, dem steht eine spirituelle Haltung der Aufmerksamkeit und Dankbarkeit gut zu Gesicht – warum nicht auch vor dem Essen? Ein gutes Leben wird besser, wenn es auf etwas hin gelebt wird, auf etwas verweist oder man sich dankbar zum Leben verhält – auch zu dem, was uns (er-)nährt.

»Wäre das Wort ›Danke‹ das einzige Gebet, das du je sprichst, so würde es genügen«, befand schon im Mittelalter der Theologe und Mystiker Meister Eckhart (1260–1328).

Gut, wenn man ein Leben hatte, auf das man im letzten Lebensdrittel in Dankbarkeit zurückblickt, wobei es sich sowohl um ein schönes wie auch ein schweres gehandelt haben kann, um ein gelungenes wie eins mit Brüchen, mit erreichten Zielen oder manchem gescheiterten Entwurf. Wieder hängt es entscheidend vom einzelnen Menschen, von mir ab, wie ich zurückschaue und empfinde, und nicht nur von dem, worauf ich zurückschaue.

Wie gut, wenn es uns mit den Jahren gelingt, in einen Zustand des Versöhntseins zu reifen, in eine Spiritualität des Verzeihens, die sich und den anderen verzeihen kann. 1943 wurden Sophie Scholl (1921–1943) und die Mitglieder der Widerstandsgruppe »Weiße Rose« hingerichtet. Im selben Jahr wurde Traudl Junge (1920–2002) Sekretärin bei Adolf Hitler. Als sie nach dem Krieg in München an einer Erinnerungstafel für Sophie Scholl vorbeikam, sah sie, dass sie beide fast gleich alt waren, und sie erkannte in dem Moment, dass es keine Entschuldigung ist, dass man jung ist, »dass man auch vielleicht Dinge hätte erfahren können«. Sie war sich keiner Schuld bewusst, bis sie erkannte, dass sie es hätte besser wissen können, und daran dann seelisch erkrankte. Gegen Ende ihres Lebens erschien ein Dokumentarfilm in Interviewform. Am Tag nach der Uraufführung des Films »Im toten Winkel« am 10. Februar 2002 starb Traudl Junge. Kurz vor ihrem Tod sagte sie bei einem Telefonat mit dem österreichischen Autor André Heller (geb. 1947) und dem Regisseur und Kameramann Othmar Schmiderer (geb. 1954): »Ich glaube, ich beginne mir jetzt zu verzeihen.« Wer verzeihen lernt, tut sich was Gutes und wir haben die Chance dafür bis zum letzten Atemzug.

## Zum Weiterdenken

- Woraus lebe ich?
- Lässt die Welt mich noch staunen?
- Kenne ich spirituelle Orte und Räume?
- Gönne ich mir spirituelle Zeiten am Tag (einige Minuten) – in der Woche (einige Stunden) – im Monat (einen Tag) – im Jahr (eine Woche)?
- Gibt es Texte, die mich in besonderer Weise berühren?
- Praktiziere ich (Alltags-)Rituale?
- Wofür bin ich im Rückblick auf mein bisheriges Leben dankbar?
- Wem sollte ich verzeihen?
- Was sollte ich mir verzeihen?

## 5. KAPITEL

# TOD UND STERBEN: WIE WILL ICH AUS DEM LEBEN GEHEN?

Der Tod meiner Großmutter war das erste Sterben, das ich erlebte. Ich war damals 22 Jahre. Nachdem sie schon einige Tage nichts mehr gegessen hatte, stellte sie auch das Trinken ein und uns wurde gesagt, es gehe jetzt bald zu Ende. Ich kam vom Studium aus München in die Heimatstadt und ging vom Bahnhof als Erstes zu ihr ins Altenheim. Sie konnte die Augen nicht mehr öffnen, aber als sie meine Stimme vernahm, liefen ihr einige Tränen durchs Gesicht. So saß in einer Nacht im November die Familie an ihrem Bett und tat etwas, was wir niemals vorher und auch nie wieder danach getan haben: Wir beteten den Rosenkranz[24]. Dabei wird das »Gegrüßet seist du, Maria« zehnmal wiederholt, bevor diese Reihe von einem Vaterunser unterbrochen wird. Das ständige Wiederholen hat etwas sehr Meditatives. Besonders eindrücklich wurde in diesem Moment die Textzeile, in der es heißt: »... bitte für uns Sünder, jetzt und in der Stunde unseres Todes. Amen«. Das Gemurmel des Gebets erfüllte den Raum, enthob uns eines bedrückenden Schweigens und bewahrte uns vor peinlichem Reden. Die Stationsschwester hatte auf dem Tisch hinter uns eine große Kerze entzündet. Wir konnten spüren, wie das Leben langsam aus meiner Großmutter wich. Dann, plötzlich, mit einer letzten Kraftanstrengung richtete sie sich auf, öffnete nach Tagen erstmals wieder die Augen, schaute sich um und sank mit einem ausatmenden Seufzer zurück in ihr Kissen. Wie sie 89 Jahre zuvor ihr irdisches Leben mit einem Einatmen begonnen hatte, so beendete sie es mit einem letztmaligen Ausatmen. Im selben Augenblick erlosch die Kerze ohne äußeren Einfluss und auf der Fensterbank fing ihr alter Kanarienvogel nach Monaten des Schweigens an, in die Stille und Dunkelheit der Nacht zu singen wie zu seinen besten Tagen. In dem Moment hatte ich nur einen Gedanken: Das will ich auch einmal so am Ende meiner Tage erleben.

## Sterbequote: 100 Prozent

Seitdem sind vierzig Jahre ins Land gegangen. Damals war ich Anfang zwanzig, jetzt bin ich Anfang sechzig. Inzwischen habe ich viele alte Menschen, aber auch einige junge auf ihrem letzten Weg begleitet, war beim Sterben dabei und habe zahllose Menschen zu Grabe getragen. Getragen trifft es nicht ganz, denn wirklich getragen und ins Grab hinabgelassen habe ich nur, zusammen mit meinen Geschwistern, unseren Vater.

Doch das Sterben meiner Großmutter bleibt unvergesslich und prägend für mein Leben.

Laut Statistischem Bundesamt sterben in Deutschland pro Jahr ca. 1 Million Menschen,[25] das sind im Schnitt 2700 Todesfälle pro Tag. Weltweit sterben etwa 150.000 Menschen am Tag oder in jeder Sekunde zwei. Das Sterben weniger Menschen ist von größerem öffentlichem Interesse und selbst diejenigen, deren Tod die Titelseiten beherrschte, sind bald darauf schon wieder von diesen verschwunden. Von den aktuell 8 Milliarden Menschen werden in 100 Jahren nahezu alle gestorben sein, garantiert aber ich. Machen wir nicht so viel Aufhebens um uns, wussten die meisten unserer Zeitgenossen doch nicht einmal, dass es uns gab.

Doch auch wenn kaum jemand uns kennt, so hat doch jeder Mensch ein Recht darauf, wahrgenommen und wertgeschätzt zu werden, von der Geburt bis zum Tod. Zwischen diesen beiden Ereignissen spielt sich unser Leben ab und wenn auch der Rest der Welt davon kaum Notiz nimmt, für uns ist das alles, was wir haben. Der Satz des amerikanischen Künstlers Andy Warhol (1928–1987): »In Zukunft wird jeder 15 Minuten weltberühmt sein«, bezieht sich zwar auf die Flüchtigkeit von Ruhm und medialer Aufmerksamkeit, ist aber auch Ausdruck des menschlichen Wunsches nach Wahrnehmung und Anerkennung. Ob ich Nobelpreisträgerin, Staatsoberhaupt, Spitzensportler oder völlig unbekannt bin, spielt keine Rolle: Ich darf mir wichtig sein. Doch es gibt auch noch was neben mir, den anderen, das andere. Wir sind Bestandteil eines kosmischen Ablaufs, in dem alles mit allem in Verbindung steht:

ich und meine Umwelt, Eltern und Kinder, Mensch und Natur, tragen und getragen werden, bei sich sein und beim anderen, machen und empfangen, nehmen und geben. Die Qualität und Ausgewogenheit dieser Verbindungen entscheiden wesentlich über die Harmonie meines Lebens.

Unser Tod stellt dieses Leben, unser Leben in Frage. Was hatte es damit auf sich, mit mir und den Jahren meines Daseins? Wir können nicht anders, als uns selbst wichtig nehmen, einfach, weil wir sind, ohne schon sagen zu können, wer, wie und wie lange wir waren. Demütig werden sollten wir von allein, sobald wir uns bewusst werden, wie viele andere Menschen es gleichzeitig mit uns gibt und wie kurz unser Leben war angesichts der Zeit dieser Welt, in der wir nicht waren. Mit dem Tod erreichen wir das Ende unserer Zukunft, die noch lange nicht das Ende der Welt ist. Wir hingegen sind nur noch Vergangenheit.

Das Verdrängen der Sterblichkeit befreit von der Frage nach dem Sinn der eigenen Existenz, nicht jedoch vom Umstand des dennoch unweigerlich irgendwann eintretenden Todes, liegt die Sterblichkeitsrate doch immer noch bei 100 %.

Die Beschäftigung mit meinem Tod mindert meine Lebensqualität bisher keineswegs. Die Klage über seine Unausweichlichkeit macht das Leben jedoch schwerer und mindert die Freude am Leben. Der Mensch kann sich an einem Sonnenaufgang erfreuen, selbst wenn er weiß, dass die Sonne am Abend wieder untergehen wird. Anders als der Sonnenaufgang versetzt ihr Untergang mich hingegen in eine melancholische Stimmung, eine Stimmung zwischen leichter

Verzweiflung und begründeter Hoffnung, zwischen der Lust am Leben und der Ermüdung an demselben. Es ist die Stimmung, die ich aushalte, der ich mich aber nicht gänzlich hingebe, die ich wahrnehme und aus Einsicht in das Unausweichliche annehme. Doch das Alter und das Sterben sind Phasen im Leben eines Menschen, auf die ich auch mit Schmerz, Wut und Trauer reagieren darf. Die Diagnose eines baldigen Todes kann und darf als Bruch empfunden werden und man sollte sie nicht leicht als Kontinuität des Lebens verkaufen. Wir werden nicht gefragt, ob wir geboren werden wollen, und nicht, ob wir sterben wollen. Wir können nur lernen, einzuwilligen und loszulassen.

Der Tod nimmt mir zwar mein Leben, aber er ist einer der Gründe, die mir das Leben sinnvoll und anziehend machen. Ich mag ihn (noch) nicht und er ist verstörend, wird mir mit ihm doch alles genommen. Gleichzeitig macht er mir aber auch alles, sei es ideell oder materiell, unendlich wertvoll, denn ich kann es nur eine begrenzte Zeit als mein Eigentum betrachten.

## Für die letzte Stunde gibt es keine Generalprobe

Ich saß an den unterschiedlichsten Sterbebetten. In den einen wurde bis zur letzten Minute gegen den Tod angekämpft, in den anderen wurde der Tod ergeben angenommen und das unabhängig vom Alter der Sterbenden.

Der Chirurg Ferdinand Sauerbruch (1875–1951) begleitete den Reichspräsidenten Paul von Hindenburg (1847–1934) als

Arzt. Es wird die Erzählung kolportiert, dass er im Sterbezimmer begrüßt wurde mit den Worten: »Und, Sauerbruch, ist Freund Hein[26] schon im Zimmer?« Dieser antwortete darauf: »Nein, Herr Präsident, aber er geht schon ums Haus.«

Bei einem Besuch im Haus des ersten Bundeskanzlers der Bundesrepublik Deutschland, Konrad Adenauer (1876–1967), in Rhöndorf wurde in seinem Sterbezimmer die Geschichte zum Besten gegeben, er habe seinen weinenden Kindern am Sterbebett gesagt: »Do jiddet nix zu kriesche« (Das ist kein Grund zum Weinen).

Eine solche Haltung, die den Tod nicht mehr als Feind des Lebens, sondern als Teil desselben willkommen heißt, habe ich bei der schon oben erwähnten Tante erlebt. Wir hatten ihr, die sich innerlich und äußerlich schon von allen Dingen getrennt hatte, für das Zimmer im Altenheim noch einen Teppich gekauft, der einen unansehnlichen Linoleumboden verdeckte. Bei einem späteren Besuch wies sie auf den Teppich und meinte: »Ich weiß gar nicht, wohin ich damit soll, wenn ich umziehe.« Zunächst hatte ich den Eindruck, dass die fast Neunzigjährige einen kurzen geistigen Aussetzer habe, doch wurde ich schnell eines Besseren belehrt, denn auf meine vorsichtige Nachfrage, wohin sie denn noch umziehen wolle, antwortete sie mit einem verschmitzten Lächeln: »Junge, du kannst Fragen stellen! Wohin soll ich denn noch umziehen? Ich ziehe nach Melaten, da habe ich ein Grundstück.« Der nächste Umzug würde also der zum Zentralfriedhof von Köln sein, der Melaten heißt. Dieser Satz, gesprochen wenige Monate vor dem Tod, begleitet mich seitdem. Da hat jemand lange gelebt und ist reif geworden für den Tod. Die Angst vor dem Tod ist gewichen und ein Mensch ist im besten Sinne lebenssatt und bereit für das Ende.

Jeder stirbt seinen eigenen Tod und es gibt dafür kein allgemein gültiges Drehbuch. Die einen warten mit dem Moment des Sterbens, bis das von weither angereiste Kind ins Zimmer getreten ist, und andere passen den Moment ab, in dem der Ehepartner nur mal kurz rausgeht, um dann zu sterben. Wir Hinterbliebenen sollten uns eines Urteils enthalten und gespannt sein, wie wir entscheiden, wenn es so weit ist. Das Sterben ist in erster Linie eine Aufgabe für den Sterbenden. Für die Hinterbliebenen bleibt es eine andauernde Herausforderung.

Der Prozess des Sterbens verläuft nicht linear und logisch. Er lässt sich nicht planen und doch sind wir ihm nicht nur ausgeliefert. Im Sterben erleben wir eine Logik der anderen Art. Als Prozess kann das Sterben gerichtet sein, wenn der Mensch sich irgendwann nicht mehr dagegen wehrt, sondern darin einwilligt, weil er sich innerlich darauf ausgerichtet hat. Das Sterben ist dann weniger das Ende des Lebens, sondern eine Wende und ein Teil davon. Alt werden ist eine Aufgabe, der wir uns ein Leben lang stellen müssen, wie auch dem Sterben, in dem die Geburt sich vollendet. Der Tod ist nicht nur das Gegenteil des Lebens, sondern ein Teil desselben.

Im Internet gibt es eine Seite, auf der Menschen hinterlassen können, wie sie sich ihren letzten Tag auf Erden vorstellen (www.derletztetag.de).[27] Mit ihrer Seite möchten die Initiatoren das Thema Tod im Alltag präsenter machen. Es wird die

Frage gestellt, wann man aufstehen will, mit wem man sich noch treffen oder welches der letzte Ohrwurm sein soll, den man hört. Wie nicht anders zu erwarten, sind die Rückmeldungen ein Konglomerat aus Banalität und Witz, aber auch Fantasie und Tiefgang.

Interessant finde ich die Aussage des Autors, Schauspielers und Mitglieds der Kommune I Rainer Langhans (geb. 1940) in einem Interview, wie er sich seinen letzten Tag vorstellt. »Der Tag neigt sich dem Ende zu, Dunkelheit außen und Licht innen erfüllt mich. Ich liege auf meiner Matratze. Alles ist still. Was gibt es Schöneres, als aus dieser beschwerlichen und unerfreulichen Welt in die Wirklichkeit einzugehen? Das ist der beste Tag meines Lebens.«[28] Auch wenn ich diese Welt nicht als beschwerlich und unerfreulich erlebe, der Gedanke, dass der letzte Tag des Lebens der beste sein könnte, der hat mich angetriggert. Nicht kämpfend sterben, sondern liebend und neugierig, offen und zugewandt auf das hin, was kommt. Wer das will, der kann nicht früh genug damit anfangen, es zu üben, selbst wenn die Welt für ihn nicht beschwerlich und unerfreulich war.

## Was bleibt von mir?

Der Tod stellt das Leben infrage, das des Sterbenden und das der Lebenden. Angesichts der Endlichkeit steht das ganze Leben auf dem Prüfstand. Im Sterben für den Sterbenden und in seinem Tod für die Lebenden. In »Der Tod des Iwan Iljitsch«

schreibt der russische Schriftsteller Lew Nikolajewitsch Tolstoi (1828–1910):

> Und wenn wirklich mein Leben nicht das richtige gewesen ist? Ihm kam der Gedanke, daß das, was ihm bisher noch als vollkommen unmöglich erschienen war: Er hätte so gelebt, wie er nicht hätte leben sollen – daß das die Wahrheit sei. Ihm kam der Gedanke, daß die von ihm kaum bemerkten Neigungen, sich gegen das zu wehren, was von den Hochgestellten des Lebens hochgehalten wurde, jene kaum merkbaren Neigungen, die er stets sofort unterdrückt hatte, wirklich berechtigt waren und daß alles andere nichts war: sein Dienst, seine Lebensgestaltung, seine Familie, die Interessen der Gesellschaft und des Dienstes – alles das war vielleicht nichts, nichts. [29]

Was bleibt von meinem Leben übrig, wenn es ans Sterben geht? Eine Frage, der ich mich nicht erst auf dem Sterbebett stellen muss und die ich häufig in meiner Funktion als Priester den Hinterbliebenen bei Beerdigungen stelle angesichts des Todes. Die wichtigsten Themen des Lebens sind die Liebe und der Tod. Wo ließe sich nicht besser über beide nachdenken als in solchen Momenten? Wie ist mein Leben angesichts des Todes? Hoffentlich nicht vertan!

Irgendwann werde auch ich einmal umziehen auf einen Friedhof. Ich gehe gerne auf Friedhöfe, wo immer sich mir die Gelegenheit bietet. In Mexiko hatte ich die Freude, die im christlichen Kulturkreis vielleicht spannendste Umgehensweise mit dem Tod und den Toten zu erleben. Am *Dia de los muertos*, dem 2. November, bei uns Allerseelen genannt, entfaltet sich ein unglaublicher Kult. Der Tag der Toten ist ein wahres Fest des Lebens, das sich vom Vorabend des 31. Oktobers bis zum 2. November entfaltet. Wohnungen, Gräber, Schaufenster und Plätze werden mit Altären geschmückt, auf denen kein Skelett oder die Calavera Catrina fehlen darf, ein Skelett in prächtiger Frauenrobe mit großem Hut. Es werden spezielle Brote gebacken, die mit Knochen und Schädeln aus Teig verziert sind. Kleine Totenköpfe aus Zucker, Schokolade oder Marzipan tragen auf der Stirn den Namen der Toten, denen man sich verbunden fühlt. Die leuchtenden Farben Orange und Gelb herrschen vor in Blumen und Lampions. Die Tage enden mit einem Fest an den Gräbern, bei dem gegessen, gesungen und getanzt wird.[30]

Friedhöfe sind Orte, an denen wir viel erfahren können über die Lebenskultur einer Gesellschaft. Mit steigendem Alter werden auch die Gänge über Friedhöfe häufiger, bei denen wir Verstorbene auf ihrem letzten Weg begleiten, und jedes Mal können wir uns etwas mehr vertraut machen mit dem Gedanken, dass eines Tages wir derjenige sein werden, den andere begleiten.

Der Kölner Karnevalist J. P. Weber beendet seine Auftritte meist mit einem besonderen Lied, das der Melancholie des Rheinländers entspricht und der Stimmung im Saal keinen Abbruch tut, wohl aber einen großen Bogen schlägt ans Ende unseres Lebens. Darin singt er über die letzte Fahrt unseres

Lebens: »Der letzte Wagen iss immer ne Kombi und du liss hinge in der Kiss, / der letzte Wagen iss immer ne Kombi, janz jlich, wat du im Levve jewäse bis.« (Der letzte Wagen ist immer ein Kombi und du liegst hinten im Sarg, ganz gleich, was du im Leben gewesen bist). – Wenn auch das Material des Sarges und die Größe des Grabmals ein Abbild dessen sein können, wie wichtig ein Mensch im Leben war und wie weit er es gebracht hat, der Tod macht uns alle wieder gleich. Nachdem im Westfälischen auf dem benachbarten Schloss der kolossal begüterte Besitzer gestorben war, bemerkte die alte Wirtin der Dorfgaststätte ganz trocken: »Nu kriegt he so viel Sand um Kop äs wi!« (Nun bekommt er so viel Sand auf den Kopf wie wir). Der Tod ist gerecht!

Der Tod ist in jedem Fall ein Abschluss, denn unsere Leiblichkeit und Zeitlichkeit kommen an ein Ende. Ob danach noch etwas folgt und das Leben hier nur der Teil von einem Größeren ist, darüber lässt sich trefflich streiten, denn beweisen lässt sich weder das eine noch das andere. Für jeden Glauben gibt es Argumente, denen aber eine allgemeine Überzeugungskraft fehlt. Entweder ist es das Ende von mir, so wie ich war, oder das Folgende übersteigt jegliches Vorstellungsvermögen. Zu diesem Schluss kam auch Cicero bei seinen Gedanken über das Älterwerden: »Er (hic: der Tod) ist entweder gänzlich zu vernachlässigen, wenn er die Seele völlig auslöscht, oder sogar zu wünschen, wenn er sie an einen Ort führt, wo ihr ewiges Leben beschieden ist. Eine dritte Möglichkeit ist doch gewiss nicht ausfindig zu machen. Was soll ich also fürchten, wenn es mir bestimmt ist, nach dem Tod entweder nicht unglücklich oder sogar glücklich zu sein?«[31]

Lässt sich die Frage, ob es ein Leben nach dem Tod gibt, nicht eindeutig beantworten, so kann man doch die Frage stellen, ob der Glaube an ein Jenseits das Leben und seine Sterblichkeit im Diesseits erträglicher macht. Stirbt es sich leichter mit einem Glauben an ein Jenseits? Zunächst einmal stellt sich die Frage, ob es sich überhaupt mit einem Glauben besser leben lässt, bevor es ans Sterben geht. Ich hatte das Glück, dass in meiner Erziehung nie mit Gott gedroht wurde, was damals leider noch sehr verbreitet war. Gott wurde uns als ein zweifelsfrei Guter vermittelt. Daher hat der Glaube mir mein Leben nie vermiest oder schwer gemacht. Ob er mir mein Sterben leichter machen wird, das wage ich heute noch nicht zu sagen. Unabhängig vom Alter und vom Glauben an ein Leben nach dem Tod habe ich Menschen aller Generationen, gläubig oder nicht, im Sterben begleitet und kann nur so viel sagen, dass der Glaube kein Garant für ein leichteres Sterben ist.

Der YouTuber Philipp Mickenbecker (1997–2021) starb mit dreiundzwanzig Jahren an Lymphdrüsenkrebs. Sein letztes Video, am Todestag aus dem Krankenhaus gesendet, zeigt einen seelisch gefassten Menschen, überzeugt davon, dass das nicht das Ende ist. Der französische Polizistenmörder Jacques Fesch (1930–1957) bekehrte sich in der Todeszelle zum christlichen Glauben. Sein letzter Tagebucheintrag vom 30. September 1957 lautet: »Morgen werde ich Jesus sehen.« Versöhnt zu sein mit im wahrsten Sinne Gott und der Welt ist wohl das Beste, in das wir hineinreifen können.

Die vielen Beerdigungen, die ich beruflich begleiten durfte, haben mich sensibel gehalten für die eigene Sterblichkeit und ich bete jeden Abend um einen gnädigen Tod.

In der biblischen Erzählung der Greisen Simeon und Hanna (Lk 2, 25–28) erleben diese beiden das, was im Bild der Heiligen Drei Könige durch den alten König dargestellt wird. Hochbetagt erkennen sie in einem kleinen Kind ihren Erlöser, worauf Simeon die Worte sagt: »Nun lässt du, Herr, deinen Knecht, wie du gesagt hast, in Frieden scheiden. Denn meine Augen haben das Heil gesehen.« (Lk 2, 29–30) Ob man sich an eine Erlösergestalt hält oder wohin ein Mensch sich angesichts seiner Endlichkeit orientiert, das »In-Frieden«-scheiden-Können ist eine Gnade und sie ist nicht gebunden an einen Glauben.

In der Beerdigungsliturgie gibt es die verheißungsvolle Formulierung, Gott möge das unvollendete Leben einmal zur Vollendung führen. Gemeint ist nicht ein gescheitertes Leben, sondern vielmehr die Erkenntnis des Fragmentarischen allen Lebens, dessen der Mensch sich im Alter stärker bewusst wird. Im Wissen darum und versöhnt damit stirbt es sich leichter. »Ein Leben bleibt, solange es auch währt, eine nicht zu Ende erzählte Geschichte, die verstrickt ist mit den Geschichten anderer«[32], brachte es der Philosoph und Jurist Wilhelm Albert Johann Schapp (1884–1965) auf den Punkt. Es ist die vielleicht höchste Vollendung des Lebens, dieses in der rechten Weise ausklingen zu lassen und den Tod als Teil des Lebens anzunehmen und nicht als Niederlage zu sehen.

## Gedanken zur Sterbehilfe

Es gibt den Ausdruck, jemand sei vom Tode gezeichnet. Damit wird ins Wort gebracht, dass der Sterbeprozess sichtbar geworden ist. Die Augen treten in die Höhlen zurück und der Lebenswille ist abhanden, besser gesagt, an ein Ende gekommen. Dabei kann dieser Mensch geistig noch ganz wach sein.

Wie oft habe ich den Satz von alten Menschen gehört: »Gott hat mich vergessen!« Daraus sprach der Wunsch, sterben zu wollen und es nicht zu können.

Ich erinnere mich an eine Mutter, die zum Erstaunen aller ihren kranken Körper förmlich zum Leben zwang, um ihre kleine Tochter noch so lange wie möglich heranwachsen zu sehen.

Da war der Mann mit Anfang siebzig, der körperlich völlig aufgebraucht war und auf seinem Sterbebett mit einem schmerzhaften und doch glücklichen Lächeln sagte, er sei froh, jetzt sterben zu dürfen.

Ich erinnere mich an die Frau, die ihren sterbenden und wehrlosen Mann auf der Intensivstation ständig schüttelte und rief: »Du kannst mich nicht allein lassen!«, und so ihm sein Sterben und ihr das Abschiednehmen schwer machte.

Nach monatelangem, schwerstem Kampf mit allen Therapien starb mit Ende vierzig der Ehemann, den seine Frau keine Minute allein gelassen hatte und die sich in seinem Todeskampf im wörtlichen Sinne ausgeweint hatte, denn im Moment seines Todes versiegten die Tränen und sie sagte: »Jetzt haben wir beide es geschafft.«

Ich habe nach einem Verkehrsunfall den Eltern die Todesnachricht überbringen müssen und konnte sehen, wie sie in diesem Moment mit ihrem Kind gestorben sind.

Und dann stirbt ein Mensch mir unter den Händen weg, während ich über ihm ein Sterbegebet spreche, und sein Gesicht entspannt und verklärt sich zu einem seligen Antlitz.

Beim Verlassen des Krankenzimmers dreht man sich in der Tür noch einmal um und beide wissen, dass sie sich das letzte Mal sehen.

Jeder stirbt auf seine Weise, doch Sterben ist mehr als der Moment, an dem ein Herz aufhört zu schlagen und der letzte Atemzug getan wird. Sterben ist in den meisten Fällen ein Prozess. Durch die medizinische Entwicklung hat sich die Lebensspanne zwischen Geburt und Tod vergrößert. Wir Menschen dürfen oder können immer länger leben. Der medizinische Fortschritt hat aber auch seinen Preis, denn manche Menschen müssen immer länger leben, ob sie wollen oder nicht. Wurde früher der Tod eines Menschen diagnostiziert, indem der Puls geprüft wurde oder man ihm einen Spiegel vor den Mund hielt, so wird heute unterschieden zwischen Hirntod, klinischem Tod und biologischem Tod.

Zwischen Erstem und Zweitem kann der Körper künstlich am Leben gehalten werden, um ihm Spenderorgane zu entnehmen. Die Möglichkeit der Organtransplantation hat zur Folge, dass die Verteilung geregelt werden muss. Da die Nachfrage stets größer ist als das Angebot, gibt es auch so etwas wie einen gesellschaftlich-moralischen Druck, Organspender zu werden. Der Lebenswunsch Kranker, die medizinischen Möglichkeiten, der Prozess des Sterbens und das Empfinden Hinterbliebener, all das sind Teile eines Koordinatensystems, in dem die Wünsche, Möglichkeiten, gesellschaftlicher Druck und persönliche Bedürfnisse nicht leicht zu koordinieren sind. Ich habe einen Organspendeausweis und befürworte die damit verbundene Zustimmungslösung. Dass nach dem Tode eines Menschen jedoch Organe entnommen werden können, nur weil dem zu Lebzeiten nicht aktiv widersprochen wurde, halte ich persönlich für einen unzulässigen Übergriff des Staates, selbst wenn er mit guter Absicht geschieht. Wenn ein Mensch nicht möchte, dass in seinen Sterbeprozess eingegriffen wird oder er mit allen Körperteilen beigesetzt werden möchte, dann ist der Wunsch aus meiner Perspektive unbedingt zu respektieren.

Die Lebenserwartung ist kontinuierlich gestiegen, doch mit dem Lebensalter steigt auch die Zahl der Menschen, die ihrem Leben selbst ein Ende setzen. Suizid ist in Deutschland bei gut einem Prozent der Toten die Ursache. Wir haben pro Jahr ca. 9000 vollendete Suizide in Deutschland[33] und man geht von zehnmal so viel Versuchen aus. Verteilt auf die Gesamtbevölkerung steigt die Zahl der Suizide mit zunehmendem Alter stetig an, wobei Männer dreimal so oft Selbstmord begehen wie Frauen. Beide Geschlechter wählen als häufigste Methode die Selbsttötung durch Erhängen, Strangulieren oder Ersticken. Es ist nicht verwunderlich, dass angesichts der mit dem Alter steigenden Zahl der Selbsttötungen der Wunsch nach Sterbehilfe immer lauter wird. Suizid ist eine brutale Form der aktiven Sterbehilfe, die vermehrt Menschen in höherem Alter wählen. Wenn dies nicht nur stillschweigend zur Kenntnis genommen werden soll, dann stellt sich die Frage, auf welche Art und Weise Menschen im Alter geholfen werden kann, ggf. auf eigenen Wunsch aus dem Leben zu scheiden. Die Medizin vermochte das Leben zu verlängern, warum sollte sie nicht auch in den Dienst der Menschen gestellt werden, die ihrem Leben ein Ende bereiten wollen? Die Fortschritte in der Palliativmedizin, bei der Sterbebegleitung und die wachsende Zahl an Hospizen haben den Suizid im Alter bei vielen nicht verhindern können. Nicht nur der Fachbegriff Euthanasie für die Sterbehilfe wurde in Deutschland durch die Verbrechen in der Zeit des Nationalsozialismus diskreditiert, sondern das ganze Thema ist dadurch schwer belastet.

Da die Sterbehilfe in den Nachbarländern Schweiz, Belgien und den Niederlanden gesetzlich großzügig geregelt ist, steigt der Druck auf den Gesetzgeber, auch für Deutschland eine Regelung zu schaffen. Im Februar 2020 hat das Bundesverfassungsgericht die bis dahin geltende Regelung zur Sterbehilfe gekippt, in der »die geschäftsmäßige Förderung der Selbsttötung« unter Strafe stand. Auf der einen Seite muss der Gesetzgeber eine Regelung finden, die das Leben der Menschen schützt, diese aber unter gewissen Umständen nicht zum Leben zwingt. Er muss aber auch sicherstellen, dass der Sterbewillige sich ganz sicher ist und der Todeswunsch sich nicht wieder ändert. Lösbare Probleme wie Einsamkeit und Schmerz dürfen nicht Ursachen sein für den Wunsch zu sterben.

Bei jedem Trauerbesuch fragte ich nach der Todesursache und bekam bisher einmal die Antwort: »Unser Vater ist in die Schweiz gefahren.« Ein hochbetagter, gesunder, wohlhabender

Mann, von dessen Kindern eines im selben Haus wohnte, hatte die Entscheidung für die aktive Sterbehilfe gefällt. Trotz Widerspruchs der Kinder ließ sich der Vater nicht umstimmen. Ein Sohn ist dann mitgefahren und war bis zum letzten Atemzug dabei. Für mich war es das erste Mal, dass ich mit dieser Form des Sterbens konfrontiert wurde. Der Todeswunsch resultierte in diesem Fall weder aus einer unheilbaren Krankheit noch aus qualvollen Schmerzen oder aus Einsamkeit. Die Fälle, in denen Menschen sich für den Freitod entscheiden, um den Angehörigen oder der Gesellschaft nicht zur Last zu fallen, werden verständlicherweise als Gegenargumente ins Feld geführt. Doch Regeln und Gesetze werden nicht für den Einzelfall erstellt, sondern erheben Anspruch auf Allgemeingültigkeit. Wer Kriterien für die Sterbehilfe erstellt, formuliert Grenzen eines lebenswerten Lebens. Der Einzelfall ist Anteilnahme am Schicksal eines nahestehenden Menschen. Anteilnahme darf subjektiv sein, Gesetze hingegen müssen objektiv sein. Im Einzelfall kann ich möglicherweise sogar etwas akzeptieren, das ich im Allgemeinen kritisch sehe und vielleicht sogar ablehnen sollte, um wiederum andere, Einzelne zu schützen. Es wird in der Theorie über etwas gesprochen, dessen praktische Umsetzung über Leben und Tod in Grenz- und Notsituationen entscheidet. Es ist ein Ringen um eine Haltung, die sowohl dem Tenor des Urteils des Bundesverfassungsgerichts über die Sterbehilfe als auch dem Verständnis von Autonomie und mit Verantwortung einhergehender Freiheit gerecht werden will. Eine fachlich kompetente und menschlich zugewandte Hospizarbeit sowie eine sich stetig weiter verfeinernde

Palliativversorgung fördern die Lebensqualität und dienen einem Sterben in Würde. Und wenn all dies geleistet, Beratung, Unterstützung und Begleitung angeboten wurden, dann sollte es auch noch den Respekt vor der Selbstbestimmung geben.

Ich persönlich bin der Meinung: Die Sterbehilfe darf keine Normaloption für das Sterben werden, aber sie kann eine Möglichkeit sein. Zwischen dem Tod und der Tötung (durch eigene Hand oder auf Verlangen) liegt ein tiefer Graben, über den es aber eine schmale Brücke geben sollte.

Im Frühjahr 2021 erkrankte ich schwer an Corona und wurde Tag für Tag körperlich hinfälliger. Nur mit größter Mühe ließen sich die notwendigsten Handlungen bewerkstelligen. Die Tage und Wochen wurden zur Qual, da mit der körperlichen Erschlaffung eine geistige Ermüdung und völlige Lustlosigkeit einhergingen. Die geringsten Anforderungen körperlicher und geistiger Art wurden zur Überforderung und ich hatte das erste Mal eine Vorstellung davon, was es heißt, dass ein Leben nicht mehr lebenswert ist. In mir wuchs die Vorstellung, wenn dies der Zustand wäre, in dem ich die restlichen Jahre meines Lebens verbringen müsste, dann würde ich Weihnachten nicht mehr erleben wollen und meinem Leben ein Ende bereiten. Zum Glück hat mein Körper den Virus besiegt und der Lebenswille kehrte zurück.

Für den Fall, dass ich eines Tages nicht mehr selbst entscheiden kann, ob und wann Geräte abgestellt werden sollen, die mich nicht nur am Leben halten, sondern zum Leben zwingen, dann habe ich zwei Patensöhne als Entscheidungsberechtigte benannt. Sollten beide der Meinung sein, dass es genug ist, dann werde ich mit ihrer Entscheidung nicht nur nicht mehr leben, sondern sterben können.

Eine junge Frau, ohne besondere Nähe zur Kirche, kam mit der Bitte um Beratung angesichts einer schweren Entscheidung. Die früh an Demenz erkrankte Mutter hatte lebensverlängernde Maßnahmen abgelehnt. Daher hatte die Tochter eine Ernährung mittels Magensonde ausgeschlossen, mit der die Mutter noch gut und gerne zwanzig Jahre hätte weiterleben können, allerdings bettlägerig und in einem Dämmerzustand. Während eines Urlaubs der Tochter hatte die Heimleitung, gegen deren ausdrücklichen Wunsch als Vormund, der Kranken eine Sonde legen lassen. Diese sollte nun per Gerichtsbeschluss wieder entfernt werden. So weit der Sachverhalt. Ich fand die Entscheidung der Tochter nachvollziehbar. Was ich zu bedenken gab: ›Jetzt wird Ihre Mutter sterben, weil Sie die Sonde entfernen lassen. Eines Tages werden Sie genauso alt sein, wie es die Mutter aufgrund Ihrer Entscheidung wurde, und Sie müssen die Tage danach mit gutem Gewissen weiterleben.‹ Nicht nur Medikamente, medizinische Möglichkeiten und Maschinen dürfen darüber entscheiden, wie lange wir leben. Der Tod darf nicht zu etwas werden, das wir organisieren, sondern muss Teil des Lebens bleiben.

Tiere begehen keinen Selbstmord, aber wir töten sie, wenn sie z. B. aufgrund einer schweren Verletzung oder Krankheit leiden, selbst wenn sie unsere besten Freunde sind, und zwar weil wir Mitleid mit ihnen haben. Kein Mensch darf aus Mitleid getötet werden, aber darf ein schwer kranker Mensch in keinem Fall über sein Lebensende selbst entscheiden? Es sollte eine gesetzliche Regelung geben im Sinne der menschlichen Freiheit und der Patientenautonomie. Etwas nicht zu tun ist nicht in jedem Falle eine unterlassene Hilfeleistung, sondern kann auch im Sinne der Selbstbestimmung eine Hilfe für den Menschen sein, sterben zu dürfen und nicht mehr leben zu müssen.

Die Tante, der dieses Buch gewidmet ist, hat das Ende ihres Lebens aktiv gestaltet. Mit 80 gab sie ihren Führerschein ab. Wer jemals mit ihr gefahren ist, war der Meinung, das hätte sie schon früher tun sollen. Eine Fahrt mit ihr durch ihr geliebtes Köln war eine Tortur für das Nervenkostüm der Beifahrer und der Verkehrsteilnehmer. Die letzten Jahre sprach sie öfter davon, dass es nicht schön sei, alt zu werden. 90 Jahre alt wolle sie jedoch werden, dann soll Schluss sein. Nach einem Oberschenkelhalsbruch musste sie ihre Wohnung mit 88 Jahren aufgeben. Irgendwann trugen die Beine nicht mehr und sie ließ sich mit großer Freude im Rollstuhl durch die Stadt fahren. Kurz vor dem 90. Geburtstag stellte sie das Reden fast gänzlich ein und eine Kommunikation erfolgte nur noch über Nicken und Kopfschütteln. Ihre tadellose Haltung behielt sie bis zuletzt bei. Drei Wochen nach dem 90. Geburtstag im November ist sie beim Mittagsschlaf endgültig eingeschlafen. Die Frage, ob wir uns Weihnachten noch einmal sehen, hatte sie am Geburtstag schon vorausschauend beantwortet: »Ich hatte genug Weihnachten.« In Anbetracht eines so langen Lebens und der Vorhersage, mit 90 sterben zu wollen, kann man von einer Punktlandung sprechen. Das Loslassen von Dingen und Fähigkeiten sowie das bewusste In-den-Blick-Nehmen des eigenen Endes sind die Idealform eines aktiven Sterbens.

## Wie soll meine Beerdigung aussehen?

In den letzten Jahrzehnten hat sich in unserer Gesellschaft ein sichtbarer Wandel vollzogen im Umgang mit der Trauer. In meinen Kindertagen trugen Witwen und Witwer im sogenannten Trauerjahr schwarze Kleidung. Später reduzierte sich dieses Zeichen zeitlich auf sechs Wochen und bei der Kleidung auf schwarze Strümpfe oder eine schwarze Krawatte. Als diese Kleidungsstücke im Alltag immer weniger getragen wurden, verschwanden mit ihnen die letzten Zeichen der Trauer jenseits der Beerdigung. Der schwarze Trauerflor kommt noch zum Einsatz, wenn an staatlichen Gebäuden auf halbmast geflaggt wird oder als Armbinde beim Sport.

In Westfalen habe ich noch erlebt, dass der Nachbar links vom Trauerhaus am Vorabend der Beerdigung zu einem nachbarschaftlichen Totengebet in die Kirche einlud. Da immer weniger Menschen zu Hause sterben, werden auch immer weniger in ihrem Zuhause aufgebahrt. Nur noch aus Erzählungen kenne ich den Brauch, dass nach einem Sterbefall die Familie die Spiegel verhängt und die Uhren angehalten hat. Die Zeit bleibt stehen und es ist nicht mehr wichtig, wie man aussieht und sich kleidet. Wie beeindruckend und ausdrucksstark ein An- oder Innehalten angesichts des Todes ist, kann man beim Holocaust-Gedenktag in Israel am 27. Nisan des jüdischen Kalenders erfahren. An diesem Tag heulen um 10 Uhr die Sirenen und das gesamte Leben im Lande kommt für zwei Minuten zum Erliegen. Der Verkehr hält an und alle Menschen bleiben stehen, wo sie sich gerade befinden. Wer einen geliebten Menschen verliert, für den bleibt die Zeit stehen.

Zeichen bringen etwas zum Ausdruck. Daher bedaure ich, dass die Tradition, dem Toten Kränze aufs Grab zu legen, schwindet. Was waren das manchmal Berge von Kränzen, an denen wir noch nach Wochen vorbeigingen. Heute hingegen liest man in Todesanzeigen immer öfter, dass anstelle von Kränzen um eine Spende gebeten wird für eine karitative Organisation oder Menschen in Not. Mir hat sich dieser Zusammenhang nie so richtig erschlossen. Wenn es Menschen in Not gibt, dann muss denen geholfen werden, aber nicht erst aus Anlass meines Todes. Ich helfe zu Lebzeiten im Rahmen meiner Möglichkeiten, aber wenn ich einmal tot bin, dann möchte ich Kränze auf meinem Grab haben und die sollen mindestens sechs Wochen liegen bleiben als eindringliches Zeichen des *sic transit gloria mundi* – so vergeht der Ruhm der Welt.

Ich war ganz berührt, als mir ein Friedhofsgärtner sagte, dass er von den Kränzen der vorherigen Beisetzung eine Blume abschneide, um sie demjenigen aufs Grab zu legen, der anschließend als Sozialbeerdigung beigesetzt wird, da bei diesen Beerdigungen oft niemand dem Toten die letzte Ehre erweist.

Wenn an die Stelle von Schönheit und Zeichenhaftigkeit Nutzen und Praktikabilität treten, dann zeugt dies von einer veränderten Geisteshaltung. Eine Verbesserung kann ich darin nicht erkennen. Immer wieder werde ich Zeuge, wie selbst das Gesteck vom Sarg heruntergerissen wird, bevor man ihn in die Grube senkt. Die Begründung für diesen aus meiner Sicht unwürdigen Akt ist, dass die Angehörigen das Gesteck bezahlt hätten und ein Anrecht darauf haben, es zu sehen. Das kommt dabei raus, wenn wir von einer Sache nur noch den Preis kennen, aber nicht mehr ihren Wert, wie es sinngemäß bereits Oscar Wilde (1854–1900) sagte. Der Sarg, das letzte Kleid und das Gesteck gehören dem Toten, nicht den Hinterbliebenen.

Jahrhundertelang haben die Kirchen gegen eine Kremierung gekämpft und Urnenbestattungen auf kirchlichen Friedhöfen verboten. Erst im Rahmen des Zweiten Vatikanischen Konzils wurden 1963 Feuerbestattungen auch von der katholischen Kirche erlaubt. Die Urnenbestattung nimmt stetig zu: Mittlerweile sind knapp 80 Prozent aller Bestattungen Urnenbestattungen.[34] Das wird mittelfristig das Bild unserer Friedhöfe verändern, denn die Grabstellen werden immer kleiner und die Gemeinschaftsgräber oder anonymen Gräberfelder wachsen kontinuierlich.

Wo ich einmal beerdigt werde, ist mir ziemlich einerlei. Doch drei Wünsche habe ich für meine Beisetzung. Den Satz »Ich will mit dir reisen, ich kenne den Weg« (Tobit 5, 6) habe ich mir als Lebensmotto gewählt. Dies sagt der Erzengel Rafael zu seinem Schützling Tobias, bevor sie gemeinsam eine gefährliche Reise antreten. Eine Freundin stickte ihn mir auf ein sogenanntes Korporale[35], das bei Gottesdiensten auf dem Altar liegt, sodass ich den Spruch oft vor Augen habe. Im Sarg soll mein Kopf einmal auf diesem Tuch liegen als Ausdruck meines Glaubens, dass der Weg mit meinem Tod noch nicht zu Ende gegangen ist. Im Sarg will ich keinen Anzug tragen, sondern ein Messgewand, das ich mir nach der Priesterweihe selbst gestaltet habe. Auf der Vorder- und Rückseite sind die Zeichen von Yin und Yang. Es sind zwei Begriffe der chinesischen Philosophie und stehen für die beiden polar einander entgegengesetzten und gleichzeitig aufeinander bezogenen Kräfte oder Prinzipien, die einander ergänzen. Für mich sind sie wie eine Illustration des zentralen Begriffs im Denken des Philosophen, Mathematikers und Kardinals Nikolaus von Kues (1401–1464), der *coincidentia oppositorum* – des »Zusammenfalls aller Gegensätze«. Sodann soll der Sarg beim Gottesdienst in der Kirche *vor* dem Altar stehen. Jahrzehnte habe ich bei meiner Suche nach Gott *dahinter* gestanden. Und so sehr ich mir Blumen auf meinem Grab wünsche, ich möchte nicht, dass mir die Trauergemeinde Blütenblätter in die Grube wirft. Ich weiß, wie schön andere das finden, und ihnen sei dies unbenommen. Traditionell wirft jedoch jeder Trauergast eine Handvoll Erde auf den Sarg und trägt so dazu bei, dass die Grube sich über dem Toten langsam schließt.

## Die letzte Stufe

Eine der meistzitierten Zeilen bei gesellschaftlichen Anlässen wie Geburtstagen, Hochzeiten etc. stammt vom deutsch-schweizerischen Dichter und Literaturnobelpreisträger Hermann Hesse (1877–1962) aus seinem Gedicht »Stufen«: »Und jedem Anfang wohnt ein Zauber inne …« Es lohnt sich, diese bekannte Zeile im Kontext des Gedichtes zu lesen, um zu erkennen, dass Hesse damit mehr die Übergänge des Lebens meint.

### Stufen

Wie jede Blüte welkt und jede Jugend
Dem Alter weicht, blüht jede Lebensstufe,
Blüht jede Weisheit auch und jede Tugend
Zu ihrer Zeit und darf nicht ewig dauern.
Es muß das Herz bei jedem Lebensrufe
Bereit zum Abschied sein und Neubeginne,
Um sich in Tapferkeit und ohne Trauern
In andre, neue Bindungen zu geben.
Und jedem Anfang wohnt ein Zauber inne,
Der uns beschützt und der uns hilft, zu leben.

Wir sollen heiter Raum um Raum durchschreiten,
An keinem wie an einer Heimat hängen,
Der Weltgeist will nicht fesseln uns und engen,
Er will uns Stuf' um Stufe heben, weiten.
Kaum sind wir heimisch einem Lebenskreise
Und traulich eingewohnt, so droht Erschlaffen;
Nur wer bereit zu Aufbruch ist und Reise,
Mag lähmender Gewöhnung sich entraffen.

Es wird vielleicht auch noch die Todesstunde
Uns neuen Räumen jung entgegen senden,
Des Lebens Ruf an uns wird niemals enden,
Wohlan denn, Herz, nimm Abschied und gesunde![36]

Was sagt es über eine Gesellschaft aus, dass sie gerade diese Zeile »Und jedem Anfang wohnt ein Zauber inne« aus dem Zusammenhang des Ganzen herauslöst? Wenn sie zitiert wird, dann um einen Anfang zu beschreiben. Im Gedicht steht diese Zeile jedoch nicht allein für den Anfang, sondern für den ständigen Übergang des Lebens von einer Phase in die nächste. Der Anfang von etwas Neuem ist genau dafür offen und lässt Raum für den Zauber der Unbekannten und Kommenden. Der Anfang selbst muss keineswegs schon zauberhaft sein. Eine Frau gebiert unter Schmerzen und der Säugling beginnt sein Erdenleben mit Geschrei, nicht mit Lachen. Die Aufgabe des Lebens ist es, den Zauber der neuen Stufe des Lebens zu entdecken, bis dahin, selbst in der Todesstunde den Ruf des Lebens zu vernehmen.

Ich komme jetzt in die Lebensphase, in der ich mit Martin von Tours (316–397), dem Bischof von Tours, sagen möchte: »Ich weigere mich nicht zu leben und fürchte mich nicht zu sterben«, oder wie der Schriftsteller Thomas Mann (1875–1955) es im Rückblick auf sein literarisches Werk formulierte: »Wenn ich einen Wunsch für den Nachruhm meines Werkes habe, so ist es der, man möge davon sagen, dass es lebensfreundlich ist, obwohl es vom Tode weiß.«

Es gelingt mir nicht jeden Tag gleich gut, mich des Lebens zu freuen und den Tod nicht zu fürchten. An manchen Tagen reflektiere ich auch das eine so wenig, wie ich das andere bedenke. Eine gute Portion Humor hilft mir, bei aller Ernsthaftigkeit und diversen Schwierigkeiten des Lebens über dieses und mich auch zu lachen, mich seiner einfach zu erfreuen.

Leben an sich ist gut und ich tue es noch immer gerne. Die bisherigen Lebensphasen oder Stufen haben mich bis auf die jetzige gebracht und ich werde mich bemühen, auch in ihr den darin verborgenen Zauber zu entdecken, ganz im Sinne von: Endlich bin ich alt!

Und was kann ich noch tun, bevor ich sterbe? Aufmerksam leben!

**Alles ist gut**

Wenn das Notwendige getan
und das Überflüssige verworfen,
wenn das Zuviel verschenkt
und das Zuwenig verschmerzt ist,
wenn alle Irrtümer aufgebraucht sind,
kann das Fest des Lebens beginnen.

Wolfgang Poeplau[37]

## Zum Weiterdenken

- Ist der Tod, ist mein Tod, Teil meines Denkens?
- Wie stelle ich mir meinen letzten Tag vor?
- Wie möchte ich sterben?
- Wie möchte ich aus dieser Welt verabschiedet, wie beerdigt werden?
- Wie habe ich die Stufen/Phasen meines Lebens im Rückblick erlebt?

## 6. KAPITEL

# WIE WURDE ICH DER, DER ICH BIN? AUF DAS LEBEN ZURÜCKBLICKEN

Eine Biografie braucht man nicht ohne Not in der ersten Lebenshälfte zu schreiben, aber zwischendurch einmal einen Rückblick halten kann ganz hilfreich sein, um zu sehen, wohin man es gebracht hat und was man noch erreichen möchte. Im letzten Lebensdrittel eine Bestandsaufnahme für sich zu schreiben, um besser zu verstehen, warum man so geworden ist und wer man noch gerne werden möchte, das ist eine sinnvolle Aufgabe und echte Herausforderung. Wichtig ist das hauptsächlich für einen selbst. Im Rückblick fügt sich vieles zusammen wie bei einem Puzzle. Aus Einzelteilen wird Stück für Stück ein Ganzes. Anfangs ist es ein Geduldsspiel, für die ersten Teile den richtigen Platz zu finden. Die man anhand der Form als Rand- oder Rahmenteile erkennt, werden zunächst zusammengesucht, und wenn der äußere Rand erst einmal zusammengesetzt worden ist, geht es darum, die Mitte zu füllen. Dabei geht man nicht vor wie bei einem Text, den man von oben nach unten und von links nach rechts schreibt, sondern man entdeckt einzelne Teile, die zusammengehören und sich Schritt für Schritt in das Bild einfügen. Sie werden schon mal dahin gelegt, wo man ihren Platz vermutet. Bei einer monochromen Fläche, bei der man kaum Unterschiede erkennt, kann man leicht die Geduld verlieren und möchte manchmal verzweifeln, während es bei auffälligen Passagen erfreulich leicht von der Hand geht. Je mehr Leerflächen es gibt, desto länger dauert die Suche nach dem richtigen Ort für das kleine Teil, das wir gerade in der Hand haben, und oft müssen wir es wieder weglegen und mit einem anderen neu versuchen. Geduld ist nicht jedermanns Stärke, aber bei allen wird sie erprobt, bis dahin, dass man das Ganze einfach aufgeben will oder sich sicher ist, dass mindestens ein Puzzleteil fehlt. Doch je länger man an dem Bild arbeitet, desto schneller und leichter wird das Finden der richtigen Stelle. Und dann hält man das letzte Teil in Händen und setzt es mit einem Gefühl von Triumph und Zufriedenheit an seiner Stelle in das Ganze ein.

Sollten Sie jetzt den Eindruck bekommen haben, ich würde gerne puzzeln, dann muss ich Sie enttäuschen: weit gefehlt. Ich habe weder die Geduld dafür noch die Freude daran. Der Vorgang an sich ist allerdings ideal, um darzustellen, wie es manchmal im Leben zugeht.

Im Rückblick können wir z. B. auch Muster erkennen, die sich durch unser ganzes Leben ziehen. Ich musste z. B. über sechzig Jahre alt werden, bis ich das erste Mal in meinem

Leben mich getraut habe, gegenüber Vorgesetzten zu widersprechen und meine Überzeugung zu vertreten. Eine strenge Erziehung war für das Selbstbewusstsein nicht förderlich. Es bedurfte jedoch nur weniger Wochen, um schon in Kindertagen herauszufinden, dass die Schule und ich niemals Freunde werden. Die Zeugnisnoten legen von einem andauernden gespannten Verhältnis ein beredtes Zeugnis ab und das vom ersten Schuljahr bis zum Abitur, inklusive einer Ehrenrunde in der fünften Klasse. Als 1972 der Samstag schulfrei wurde, hatte die Woche zumindest schon mal zwei Abende, auf die nicht am nächsten Morgen der Schrecken der Schule auf mich wartete. Nach vierzehn Jahren war die Überreichung des Abiturs einer der bis heute schönsten Tage meines Lebens. Dass es das schlechteste Abitur des Jahrgangs war, minderte die Freude nicht, hielt ich damit doch den Schlüssel zur Freiheit in Händen. Dabei war es nicht das Lernen an sich, das diese Jahre zu keinen guten gemacht hatte, aber irgendwie wollte und sollte alles nicht zusammenpassen.

Bis auf den heutigen Tag komme ich abends schlecht ins Bett und morgens schwer raus. Ich erfülle dennoch mein Arbeitspensum in bald vierzig Dienstjahren, aber eben lieber in den Abend- als in den Morgenstunden. Hinzu kam das Stillsitzen-Müssen. Stundenlange Sitzungen sind mir bis heute ein Graus und ich bin kreativer, wenn ich immer wieder aufstehen und umhergehen kann. Zu den Kopfnoten in der Grundschule gehörte die Beteiligung am Unterricht und niemand, der mich erlebt, bringt die Bewertung aus Kindertagen zusammen mit der Person, die ich heute bin. Die

Wortwahl der Lehrerinnen bei der Beschreibung meiner Teilnahmslosigkeit war bewundernswert, denn zu jedem Zeugnis gab es eine neue Formulierung: zu still – gering - wirkt oft abwesend – könnte reger sein – kaum vorhanden – oft abgelenkt – manchmal etwas verhalten – hält sich sehr zurück. Heutzutage werde ich als Redner eingeladen und kann als Sitzungspräsident im Kölner Karneval einen Saal mit über tausend Gästen vier Stunden durchs Programm führen. Wie schon gesagt, ich wusste nach wenigen Wochen Schule, dass dieses System und ich einfach nicht zueinander passen. Ich wusste nur nicht, wie ich daraus entkommen sollte, und habe meine Stärken und Fähigkeiten erst viel später entdeckt.

Wenn ein Jahrzehnt sich rundet, dann wird damit oft emotional ein Einschnitt oder das Ende eines Abschnittes verbunden. Die geraden Geburtstage, zwanzig – vierzig – sechzig, habe ich als deutlichere Zäsur erlebt als die ungeraden. Mit zwanzig war ich kein Jugendlicher mehr, doch dreißig fühlte sich noch an wie fast zwanzig. Vierzig ging hingegen schon stark in Richtung von fünfzig, und als eine Sechs vorn stand, wusste ich, dass sich diese Zahl nicht mehr ändern würde bis zum Erreichen der Rente. Wie sich die kommenden Wechsel der Jahrzehnte anfühlen werden – ich bin gespannt!

Das können Sie aber auch alles ganz anders empfinden. Wenn man von der klassischen Einteilung der Gesellschaft in drei Generationen ausgeht, dann würde es den Dreisprung geben von den Jahren bis dreißig, bis sechzig und bis neunzig. Setzt man nur eine Zäsur zwischen Geburt und Tod, dann wäre dies wohl die Midlifekrise, irgendwo zwischen vierzig und fünfzig. Wer sie bewusst erlebt, der hat es nicht leicht, und wer sie verdrängt, der macht es anderen schwer. Dabei ist sie so etwas wie die zweite Pubertät, durch die der Mensch hindurchmuss. Mit der ersten Pubertät wird er erwachsen, mit der zweiten Pubertät wird er reif. Beide Aussagen könnten hier auch im Konjunktiv II stehen.

Das Studium war die zweite Chance, etwas zu lernen. Die erste kam für mich einfach zu früh und in der falschen Form. Studieren war in den 80er-Jahren doch etwas ganz anderes. Wer nicht zur Vorlesung ging, der konnte alles zu Hause nachlesen. Diese Freiheit kam meiner Art des Lernens sehr entgegen. Zwar musste man sich durch die Skripte der langweiligen Professoren dann am Schreibtisch quälen, ging aber umso lieber zu den Vorlesungen derer, die sie spannend vortrugen. Mir hat diese Art des Lernens so zugesagt, dass ich sechs Jahre nach dem Theologiestudium noch ein Studium der Kunstgeschichte und Archäologie anschloss, einfach aus Freude am Thema und Spaß am Lernen. Mit den Jahren habe ich meine Art des Arbeitens gefunden. Ich kann z. B. nicht lange und konzentriert am Schreibtisch sitzen, sondern stehe oft auf und gehe umher.

Mit zwanzig bekam ich mit dem Einzug ins Priesterseminar das erste eigene Zimmer. Ein strenges Elternhaus machte es mir leicht, mich in die Regeln eines Konviktes einzufügen. Vorgaben zu hinterfragen war damals keine Stärke von mir. Es mag paradox klingen, aber ich wählte diesen Beruf aus zwei widersprüchlichen Gründen. Zum einen gab mir die katholische Kirche einen stabilen Rahmen, der an Klarheit nichts zu wünschen übrig ließ, war ich doch ein eher ängstlicher und unsicherer Mensch. Zum anderen ist der Beruf von großer Freiheit und viel Gestaltungsspielraum für eigene Kreativität geprägt. Diesen Spielraum weiß ich bis auf den heutigen Tag zu nutzen und habe meinen Beruf als Priester, bei allen Auflagen, nicht als beengend empfunden. Äußerer Halt und innere Freiheit ergänzten sich für mich auf das Vorteilhafteste. Im Verlauf der Jahrzehnte war es jedoch immer weniger der äußere Rahmen, der mir Halt gab, als vielmehr die meinem Beruf innewohnende geistige Freiheit, die ich mir allerdings auch erarbeiten musste.

Mit Anfang dreißig wurde ich der jüngste Pfarrer des Bistums und wäre fast gescheitert, wurde ich doch gemessen an dem Vorgänger, der eine Ikone unter dem Klerus war. Die zweite Stelle trat ich nach sechs Jahren an mit mehr Erfahrung und unter günstigeren Umständen.

Das vierzigste Lebensjahr hatte es in sich und begann schon in der Silvesternacht des neuen Millenniums mit einem der einschneidendsten Erlebnisse meines Lebens. Zu Besuch bei einem Freund in Westafrika zelteten wir in freier Wildbahn und waren in der Nacht über zwei Stunden dem Heißhunger einiger Hyänen ausgesetzt, die unser Zelt knurrend umkreisten. Stunden voller Todesangst, die jedoch die beglückende Erkenntnis mit sich brachten, dass ich an meinem Lebensentwurf nichts ändern würde, sollte ich überleben.

Im Jahr darauf platzte mir der Blinddarm und ich verdankte mein Überleben diesmal der Kunst der Medizin. Zwei Jahre später brachte ich von einer Brasilienreise einen

Tropenvirus und eine Knochenentzündung mit nach Hause. Diesmal wusste die Medizin nicht, wie sie mir helfen konnte, und mein Körper musste alles allein bewerkstelligen. Aus dem Krankenhaus wurde ich völlig abgemagert entlassen mit der aufmunternden Bemerkung: »Wir konnten zwar nicht herausfinden, welchen Virus Sie hatten, aber Sie sind jetzt dagegen immun.« Während der Anschluss-Heilbehandlung fand ich mich in einer Wassergymnastikgruppe wieder, die sich rhythmisch bewegte zum Lied des Gesangsduos Brunner & Brunner »Wir sind alle über 40, haben im Leben nichts vermisst«. Ich sah mich um und es stimmte, auch wenn ich der Einzige in der Runde war, der zwar über vierzig, aber auch noch unter sechzig war.

Kurz vor dem fünfzigsten Geburtstag wechselte ich noch einmal die Pfarrgemeinde. Bis dahin war ich zwölf Jahre Pfarrer in einem Dorf am Stadtrand von Münster gewesen. Diese Jahre, von denen man gerne sagt, es seien die besten, waren gute Jahre für mich. Ich gehörte nicht zu denen, die sich eine Karrierechance ausrechnen konnten. Mir war klar, du musst so leben, dass es ein gutes Leben war, selbst wenn niemand von dir groß Kenntnis genommen haben sollte, entsprechend der Devise: Ein Leben war dann gut, wenn es auch im Verborgenen gut war.[38]

Der neunte Umzug meines Lebens kam kurz vor dem 50. Geburtstag. Die erste Stelle war befristet auf vier Jahre, weshalb ich dort erst gar keine Wurzeln geschlagen habe. Weder an dieser Stelle noch an den weiteren Stationen meines Lebens habe ich mich wirklich beheimatet, wusste ich doch schon beim Einzug, dass ich irgendwann wieder versetzt werde und umziehen muss. Die Größe der Pfarrhäuser und die Randlage zur Universitätsstadt Münster eröffneten mir die Möglichkeit, immer mit einem oder mehreren Studierenden das Haus zu teilen. So habe ich fast ununterbrochen in Wohngemeinschaft gelebt und bin nicht vereinsamt.

Die dritte Pfarrstelle trat ich an mit der Absicht, bis zum 65. Lebensjahr dortzubleiben. Jeder Umzug, und wenn er nur von einem Ende der Stadt zum anderen war, führte bei gleicher beruflicher Tätigkeit dennoch zu großen Veränderungen. Es gab nicht nur eine neue Wohnung, sondern alte Beziehungen lösten sich irgendwann und es entstanden neue. Jeder Mensch kann nur eine begrenzte Anzahl an Beziehungen aufrechterhalten und pflegen. Der häufige Wohnortwechsel forderte hier seinen Preis. Umso besser sind die Freundschaften, die sich als beständig erwiesen haben.

Aus den geplanten fünfzehn Jahren an der neuen Stelle wurde aus eigener Entscheidung gerade einmal die Hälfte. Hatte ich mit vierzig noch gewusst, dass ich an meiner Lebensentscheidung nichts ändern will – die Todesangst war ein hoher Preis dafür, die gewonnene Erkenntnis beglückend –, führte eine grundlegende Erkenntnis zu einer radikalen Entscheidung. Alle vorherigen Gemeinden waren inzwischen aufgelöst und an der letzten wurde sogar nach meinem Auszug das Pfarrhaus verkauft. Auch an der neuen Stelle, die schon aus einer Fusion von drei Gemeinden entstanden war, würde ich wieder der letzte Pfarrer gewesen sein. Im Klartext: Mein ganzes Berufsleben würde mit meiner Versetzung diese Stelle aufgelöst und ich nie einen Nachfolger erleben. Ich konnte nicht mehr übersehen, dass die Gemeindearbeit, wie sie seit Generationen getan wurde, immer weniger dem Lebensgefühl der Menschen entspricht und inzwischen von Fachleuten als eine ›Pastoral der Vergeblichkeit‹ bezeichnet wurde. Nach langem Zögern und vielen Gesprächen gab ich mit Mitte fünfzig dann das erste Mal meinem Leben eine völlig unerwartete und radikale Wendung. Ich ließ mich für ein Jahr ohne Gehalt beurlauben. In diesem Zuge trennte ich mich auch von den meisten Möbeln, Bildern und Büchern. Den Menschen in der Gemeinde, der Familie und den Freunden versuchte ich meinen Schritt zu erklären. Nicht alle konnten ihn nachvollziehen und einige fühlten sich dadurch persönlich kritisiert oder in ihrer eigenen Haltung hinterfragt. Einiges, was ich für Freundschaft hielt, wurde beendet. Den Rest an Besitz habe ich eingelagert. Ich machte vier Wochen einen Intensivkurs Niederländisch und zog mit zwei Koffern in ein winziges Kloster in den Niederlanden, das so einsam im Wald liegt, dass nicht einmal ein asphaltierter Weg dorthin führt. Der Bruch war nur äußerlich radikal. Innerlich wollte ich nichts anderes machen, als ich in den vergangenen dreißig Jahren gemacht hatte, nur nicht mehr in dieser Form, auf diesem Weg und in diesem System.

Von vielen materiellen Dingen konnte ich mich recht gut trennen. Am schwersten fiel mir jedoch die Trennung von meiner Katze, die 14 Jahre bei mir gewohnt hat. Menschen konnte ich meinen Schritt erklären, ihr nicht, weshalb ich ihr gegenüber ein schlechtes Gewissen hatte, bis sie Jahre später bei Bekannten alt und friedlich gestorben ist.

Der Schritt des Amtsverzichtes führte zu einer völlig unerwarteten Resonanz, weit über die Grenzen der Gemeinde und des Bistums hinaus. Bewegend war in den Tagen danach die Begegnung mit einer mir unbekannten Dame. Sie sprach mich auf der Straße an und sagte, mein Schritt hätte ihr endlich den letzten Impuls gegeben für eine Entscheidung, zu der sie bisher nie den rechten Mut gehabt habe. Sie wollte immer einmal in Berlin wohnen und nachdem sie von meinem Entschluss gehört habe, hätte sie spontan ihre Wohnung gekündigt, ohne schon eine neue in Berlin zu haben. Das sei jetzt nötig, denn sonst werde es nie was mit der Erfüllung dieses Wunsches und sie wies mich noch auf das Lied »Leichtes Gepäck« der Gruppe Silbermond hin, in dem es heißt »Eines Tages fällt dir auf,/ dass du 99% nicht brauchst./ Du nimmst all den Ballast/ und schmeißt ihn weg, / denn es reist sich besser/ mit leichtem Gepäck.« Damit ließ sie mich überrascht und berührt auf der Straße stehen und ging ihres Weges. Hoffentlich ist sie glücklich geworden in Berlin.

Was ich nicht bedacht hatte, war, dass ein System wie die Kirche inhaltliche Kritik einem nicht gut verzeihen kann. Trotz der Zusage, jederzeit zurückkommen zu dürfen, wurde mir nach der Auszeit gesagt, dass man mit mir erst einmal nichts mehr zu tun haben möchte. Das mir zustehende Gehalt wurde halbiert und ich fand mich auf der Straße wieder. Da hatte ich nun ein Problem: Man weigerte sich, mir trotz eines gravierenden Priestermangels noch eine Stelle zu geben, ich hingegen wollte meinen Beruf nicht aufgeben. Ein Freund und Mitbruder hatte mir dies mehr oder weniger prophezeit: »Mit deinem Schritt stellst du alle infrage, die weitermachen wie bisher: die Bistumsleitung, uns Hauptamtliche und die Gemeinden vor Ort.« Die Frage, die ich mit meinem Schritt gestellt hatte, lösten meine Vorgesetzten dahingehend, dass sie sich von dem Fragenden trennten. In diesem Moment trat eine Klosteroberin auf den Plan, die in weiser Voraussicht mir schon Monate vorher gesagt hatte: »Wenn niemand Sie will, wir nehmen Sie gerne.« So führte mich mein Weg nach Köln und ich bezog ein Gästezimmer im Kloster der Benediktinerinnen im Stadtteil Raderberg.

Hätte ich all dies vorher gewusst, wäre meine Entscheidung dieselbe gewesen? Theoretische Fragen bringen uns nicht wirklich weiter, denn wir kennen nur den Weg, den wir gegangen sind, und nicht die Wege, die wir hätten gehen können. Ich bin nicht besonders mutig, weshalb ich wahrscheinlich den Weg weitergegangen wäre, hätte ich von allen Konsequenzen im Vorhinein gewusst. Doch jetzt ist es gut so, wie es geworden ist. Aus jeder Situation lässt sich etwas machen und wir sind ihr nie nur ausgeliefert.

Inzwischen habe ich einige Bücher geschrieben, bin häufig zu Vorträgen oder auf Podien eingeladen, darf den ein oder anderen Artikel verfassen und schreibe geistliche Texte für eine Monatszeitschrift. Meine priesterlichen Tätigkeiten kann ich ausüben bei Taufen, Trauungen, Beerdigungen sowie Gottesdiensten an Sonn- und Werktagen. Ehrenamtlich begleite ich im Rahmen einer Familienpatenschaft einen alleinerziehenden Vater mit Zwillingen, radle Senioren in einer Rikscha durch die Stadt und engagiere mich in der ein oder anderen sozialen Einrichtung.

Über den Zustand der Institution, in der ich mein ganzes (Berufs-)Leben verbracht habe, mache ich mir keine Illusionen, doch trotz aller berechtigter Kritik kann und will ich sie nicht verlassen, ist sie mir doch immer noch geistliche Heimat.

Das waren einige der Puzzleteile meines Lebens, doch das Bild ist noch nicht fertig. Je älter man wird, desto schneller vergeht die Zeit. Genau wie beim Puzzle werden die verbliebenen Teile immer schneller eingesetzt. Nehmen wir es mit Gelassenheit, vielleicht sogar mit Humor, und seien wir Menschen, die andere gerne kommen sehen. Zahnschmerzen, überhaupt Schmerzen, sind ein verständlicher Grund, ein unleidlicher Zeitgenosse zu sein. Viel mehr Gründe fallen mir nicht ein, allein schon im Interesse unserer Mitmenschen. Also strenge sich jeder bitte ein bisschen an, um wenigstens derentwillen ein freundlicher Mitmensch zu sein. Am besten sind wir es jedoch aus Einsicht und Erfahrung, denn es ist gut für die Welt und besser für uns selbst.

Hier schließt sich der Kreis zum Anfang des Buches, nicht jedoch der Kreis meines Lebens. Im Jahre 2020 hätte ich zu gerne meinen sechzigsten Geburtstag gefeiert und bewusst den Schritt getan in das letzte Lebensdrittel. Ob es ein Drittel wird, weiß ich heute noch nicht. Doch eines weiß ich: Am Ende dieses Lebensabschnittes werde ich sterben. So individuell und unterschiedlich jeder Lebensweg auch verläuft, wer das letzte Drittel erlebt, der teilt mit allen Mitmenschen seiner Generation eine Kindheit, eine Jugend und ein doch schon recht langes Leben – und – dass am Ende auf jeden von uns der Tod wartet, bei dessen Eintritt wir unser (irdisches) Leben ausatmen.

Endlich alt? Alt un(d)endlich!

# DANKESCHÖN

Ich war Legastheniker und schaffte es mühelos, obwohl ich schon in Kindertagen viel gelesen habe, in Diktaten ein Massaker in Orthografie und Interpunktion anzurichten. Daher bin ich bis auf den heutigen Tag alle den Menschen besonders zu Dank verpflichtet, die diesbezüglich hinter mir aufräumen. Daher: Danke den Menschen im Herder Verlag, die diese Aufgabe im vorliegenden Buch übernommen haben.

Ihnen, Frau Dr. Johanna Oehler, als Lektorin Dank dafür, dass Sie immer wieder die Brücke geschlagen haben zwischen der Vorstellungswelt des Autors und der Wirklichkeit des Verlagswesens. So manchen Bandwurmsatz haben Sie auf ein verständlicheres Maß gekürzt. Und natürlich für die Engelsgeduld beim Ringen um Titel und Umschlagbild.

Dir, Simon, für die inspirierenden Telefonate und Gespräche bei euch am Küchentisch, sodass am Ende viele Zettel mit Fragen und Ideen auf meinem Schreibtisch liegen. Unsere Telefonate sind diesbezüglich zwar effektiver, aber die Besuche in München unterhaltsamer und wohlschmeckender.

Euch, Lioba, Lisa, Christiane und Egbert, dafür, dass ihr am Ende einmal das Ganze gelesen und kritisch kommentiert habt.

Und ohne Namensnennung den Teilnehmerinnen und Teilnehmern des Gesprächskreises in der Kölner Karl-Rahner-Akademie, mit denen ich alle Kapitel des Buches in den Grundgedanken durchgegangen bin und von denen ich viele Anregungen erhielt.

# ANMERKUNGEN

1 Art. »Zahl der Rentner steigt bis 2023 auf mehr als 20 Millionen«, Spiegel online, 03.12.2022, https://www.spiegel.de/wirtschaft/soziales/deutschland-zahl-der-rentner-steigt-2035-auf-mehr-als-20-millionen-a-6e5f8394-9ef5-4a2b-917f-d571f6f7a1a6

2 Hans-Jürgen Knabben (24. Oktober 2017), Was sind Omas?, in: Seniorenportal Bergheim, https://unser-quartier.de/stadt-bergheim/2017/10/was-sind-omas/, letzter Zugriff: 21.11.2023

3 Art. »Ausgewählte Armutsgefährdungsquoten«, 13.04.2023, https://www.bpb.de/kurz-knapp/zahlen-und-fakten/soziale-situation-in-deutschland/61785/ausgewaehlte-armutsgefaehrdungsquoten/

4 Die aktuellen Zahlen finden sich auf der Seite des Statistischen Bundesamtes unter Todesursachen Suizide, https://www.destatis.de/DE/Themen/Gesellschaft-Umwelt/Gesundheit/Todesursachen/Tabellen/suizide.html.

5 Laut Statistischem Bundesamt lebten 2021 82 % der über 85-Jährigen im eigenen Zuhause.

6 Brüder Grimm, Hans im Glück, aus: Kinder- und Hausmärchen, Bd. 1, S. 423-430, Berlin 1819

7 Original »Harold and Maude«, USA 1971, Regie Hal Ashby, Musik Cat Stevens

8 Ernest Hemingway, Der alte Mann und das Meer, 1951. Der US-amerikanischer Schriftsteller wurde für diese Novelle 1954 mit dem Literaturnobelpreis ausgezeichnet.

9 Marcus Tullius Cicero, Cato der Ältere über das Alter, 44/45 v. Chr.

10 Marcus Tullius Cicero, Cato der Ältere über das Alter. Übersetzt und herausgegeben von Harald Merklin, Reclam 2022

11 Ebd.

12 Susan Sontag, The Double Standard of Aging. In: The Saturday Review, 23.9. 1972, S. 29–38

13 Ebd.

14 Dasselbe Thema behandelt Tolstoi in seiner Erzählung »Wieviel Erde braucht der Mensch«, Erstveröffentlichung 1885

15 Marcus Tullius Cicero, Cato der Ältere über das Alter. Übersetzt und herausgegeben von Harald Merklin, Reclam 2022

16 »Der alte Großvater und der Enkel« in: Kinder-und Hausmärchen der Brüder Grimm (1812), Nr. 78

17 G. K. Chesterton, Vom Wind und den Bäumen oder gewichtigen Kleinigkeiten, übersetzt von Jakob Vandenberg, Coesfeld 2008

18 Viktor Frankl, Das Leiden am sinnlosen Leben, Psychotherapie für heute, Herder 2021, S. 77

19 Georg Lukács, Die Theorie des Romans. Ein geschichtsphilosophischer Versuch über die Formen der großen Epik. Berlin: Cassirer 1920 (dt. Erstausgabe)

20 Papst Franziskus, Amoris Laetitia, Verlag Herder 2016, S. 287

21 Scare Tactics: Michel Houellebecq Defends His Controversial New Book, 2. Jan. 2015, in: The Paris Review

22 André Comte-Sponville, Woran glaubt ein Atheist? Spiritualität ohne Gott, Diogenes 2008

23 Jürgen Habermas, Auch eine Geschichte der Philosophie, Suhrkamp 2019

24 Es gibt Formen der Spiritualität, die sind alt, aber werden einmalig genutzt, gerade dann, wenn es guttut.

25 So gab es im Jahr 2022 1.066.317 Sterbefälle, 2021 1.023687 Sterbefälle und 2020 985.572 Sterbefälle. Vgl. hierzu https://www.destatis.de/DE/Themen/Gesellschaft-Umwelt/Bevoelkerung/Sterbefaelle-Lebenserwartung/_inhalt.html

26 Euphemistische und allegorische Bezeichnung im Deutschen für den Tod

27 www.derletztetag.de, letzter Abruf: 28.07.2023. Die Seite ist ein Projekt der Letzte Hilfe Deutschland gemeinnützige GmbH, die Menschen in sog. »Letzte Hilfe Kursen« in ganz Deutschland Basiswissen für die Begleitung von Sterbenden vermittelt.

28 Art. Jeden Tag das Sterben üben, in: Cicero 11/2021

29 Lew Nikolajewitsch Tolstoi, Der Tod des Iwan Iljitsch, 1886

30 2017 erschien der Animationsfilm »Coco – Lebendiger als das Leben«, der von diesem Fest des Lebens und der Toten handelt; 2018 Oscar als bester Animationsfilm

31 Marcus Tullius Cicero: Cato der Ältere über das Alter, in: Gutes Leben im Alter. Die philosophischen Grundlagen, hg. von Thomas Rentsch und Morris Vollmann, Stuttgart (Reclam) 2022

32 Wilhelm Albert Johann Schapp, In Geschichten verstrickt. Zum Sein von Mensch und Ding, Klostermann 2005

33 Vgl. hierzu die aktuellen Daten auf der Seite des Statistischen Bundesamtes: https://www.destatis.de/DE/Themen/Gesellschaft-Umwelt/Gesundheit/Todesursachen/Tabellen/suizide.html, Abrufdatum 28.07.2023.

34 Laut der Gütegemeinschaft Feuerbestattungsanlagen waren im Jahr 2021 rund 77 Prozent aller Bestattungen eine Urnenbestattung. Der Anteil der Sargbestattungen nahm im gezeigten Erhebungszeitraum kontinuierlich ab.

35 Korporale, weißes Leinentuch von ca. 45–50 cm Seitenlänge, das beim katholischen Gottesdienst auf den Altar, unter den Kelch und die Hostienschale gelegt wird

36 »Stufen«, aus: Hermann Hesse, Sämtliche Werke in 20 Bänden. Herausgegeben von Volker Michels. Band 10: Die Gedichte. © Suhrkamp Verlag Frankfurt am Main 2002. Alle Rechte bei und vorbehalten durch Suhrkamp Verlag Berlin.

37 Wolfgang Poeplau, geb. 1950, deutscher Schriftsteller

38 »Lebe im Verborgenen« von Plutarch um 45–125 n.Chr., griechisch: Εἰ καλῶς εἴρηται τὸ λάθε βιώσας *Ei kalōs eirētai to lathe biōsas,* lateinisch: De latenter vivendo